Klaus Schäfer

Seelsorge bei Krankheit und Tod

Liturgisches Handbuch für

aus der Praxis für die Praxis

© 2026 Klaus Schäfer

Alle Rechte liegen beim Autor

Verlag: BoD · Books on Demand GmbH, Überseering 33,

22297 Hamburg, bod@bod.de

Druck: Libri Plureos GmbH, Friedensallee 273,

22763 Hamburg

4. gründlich überarbeitete Fassung

Regensburg 2026

ISBN: 978-3-7693-5175-0

© des Auferstehungskreuzes: www.wm-design.net

bearbeitet von Klaus Schäfer

0 Inhaltsverzeichnis

0 Inhaltsverzeichnis...2

1 Hinführung...4

1.1 Die geschichtliche Entwicklung......................................4

1.1.1 Bis zur Jahrtausendwende..4

1.1.2 Heutige Situation..8

1.1.3 Ausblick in die Zukunft..10

1.2 Handhabung des Buches...12

1.3 Hinweise...13

2 Seelsorgliches Handeln...16

2.1 Krankensalbungen...16

2.1.1 Allgemeine Form...16

2.1.2 Offene Form...18

2.1.3 Vor großer Operation / schwerer Behandlung.......20

2.1.4 Bei seelischen Leiden..22

2.1.5 Nach misslungenem Suizidversuch.......................24

2.1.6 Krankensalbung und Schluss.................................26

2.1.7 Bei schwieriger Schwangerschaft.........................29

2.2 Für Einsatzkräfte..33

2.3 Nottaufen...37

2.3.1 Nottaufe – offene Form..37

2.3.2 Nottaufe bei einem sterbenden Kind.....................42

2.4 Sterbesegen..46

2.4.1 Allgemeine Form...46

2.4.2 Bei vorzeitigem Sterben..47

2.4.3 Bei Beendigung der Therapie..................................48

2.4.4 Gebet, Lesungen, Segen und Schluss...................49

2.4.5 Bei einem Organspender...54

2.4.6 Abschiedssegen für die Hinterbliebenen........................60

2.5 Aussegnungen...**62**

2.5.1 Form A...62

2.5.2 Form B...63

2.5.3 Bei einem plötzlichen Tod..64

2.5.4 Nach einem Suizid..65

2.5.5 Lesung, Segen und Schluss...66

2.5.6 Bei einem tot geborenen Kind..69

2.5.7 Bei einem Hirntoten..74

2.6 Segnung von religiösen Zeichen.....................................**81**

3 Auswahltexte...83

3.1 Allgemein...**83**

3.2 Texte für Sterbesegen..**84**

3.2.1 Früher Tod...84

3.2.2 Plötzlicher Tod...84

3.3 Sonstige Texte...**86**

4 Hinweis..90

5 Literaturliste...91

1 Hinführung

1.1 Die geschichtliche Entwicklung

1.1.1 Bis zur Jahrtausendwende

In der frühen Kirche gingen im Fall von schwerer Krankheit die Angehörigen – also kirchliche Laien - zum Bischof und baten ihn um etwas Krankenöl, mit dem sie den Kranken gesegnet haben. Ab dem 9.Jh. setzte sich immer mehr die „Letzte Ölung" durch, die Sterbenden gespendet wurde. Bis zum Konzil von Trient (1545-1563) gab es die „Letzte Ölung" für Sterbende und verbotener Weise die Krankensalbung für Kranke durch Laien..

Mit der Fokussierung auf das Sterben gab es auch eine Veränderung des „Ave Maria". Dieses im 2. Jahrtausend immer stärker sich durchsetzende Gebet erfuhr einen Zusatz, der in der Ostkirche bis heute fehlt: „Heilige Maria, Mutter Gottes, bitte für uns Sünder, jetzt und in der Stunde unseres Todes."

Im Rosenkranzgebet wird heute meist nach jedem Gesätz das sogenannte „Fatima-Gebet" eingefügt, das eine ähnliche Intention besitzt: „O mein Jesus, verzeih uns unsere Sünden! Bewahre uns vor dem Feuer der Hölle! Führe alle Seelen in den Himmel, besonders jene, die deiner Barmherzigkeit am meisten bedürfen."

Das Trienter Konzil schaffte die Krankensalbung gänzlich ab. Dies stärkte die Vorstellung, dass es weniger darauf ankommt, wie man lebt, sondern dass die wichtigste Stunde im Leben eines Christen die Sterbestunde sei. Dann wird der Priester gerufen, der ihm die „Sakramente" - gemeint sind hierbei: Beichte, Letzte Ölung und Wegzehrung – spendet und ihm damit die Tür in den Himmel öffnet.

Bis zum Zweiten Vatikanischen Konzil (1962-1965) war für Sterbende der „Versehgang" sehr wichtig. Gestorben wurde vor allem zu Hause, in der eigenen Wohnung, „versehen mit den Sakramenten der Kirche". Dies wurde auch in den Kirchenbüchern vermerkt.

Mitte des 20. Jh. hielt die künstliche Beatmung Einzug in die Intensivstationen der Kliniken. Vielen Menschen konnte damit das Leben gerettet werden. Andere starben intubiert, im künstlichen Koma. Beichte und Wegzehrung war damit nicht mehr möglich, auch nicht die bewusste Teilnahme an der Letzten Ölung.

Wohl auch auf diesem Hintergrund sah das Vatikanum II. für das Sakrament der Letzten Ölung den „rechten Augenblick für ihren Empfang sicher schon gegeben, wenn der Gläubige beginnt, wegen Krankheit oder Altersschwäche in Lebensgefahr zu geraten." (SC 73)

Weiter heißt es: „Die Zahl der Salbungen soll den Umständen angepaßt werden; die Gebete, die zum Ritus der Krankensalbung gehören, sollen so revidiert werden, dass sie den verschiedenen Verhältnissen dem das Sakrament empfangenden Kranken gerecht werden" (SC 75). Das Sakrament kann mehrmals empfangen werden: Bei einer erneuten schweren Erkrankung, bei Fortdauer der schweren Erkrankung und bei Verschlechterung der Erkrankung, so das Rituale für die Krankensalbung.

Die biblische Grundlage für diese Richtungsänderung sind die beiden Verse von Jak 5,14f. Dort wird nicht von Sterbenden gesprochen, sondern von Kranken:

> Ist einer unter euch krank, dann rufe er die Ältesten der Gemeinde zu sich; sie sollen Gebete über ihn sprechen und ihn im Namen des Herrn mit Öl salben. Das gläubige Gebet wird den Kranken retten und der Herr wird ihn aufrichten.

Damit rückte das Sakrament der „Letzten Ölung" zeitlich von der Sterbestunde vor und wurde zur „Krankensalbung" für schwer kranke und altersschwache Menschen. Im Jahre 1972 wurde hierzu das entsprechende Rituale herausgegeben, zunächst in lateinischer Sprache, 1974 in deutscher Sprache.

Das Rituale betont auf Seite 22 (was nicht überall praktiziert wird):

> die sinnvolle Entfaltung des sakramentalen Geschehens zu einer regelrechten Feier. Diese Vollform der Krankensalbungsfeier hat den Vorrang vor dem Notspendungsritus. Letzterer wird in den Wechselfällen des Lebens gewiß noch oft genug vorkommen. In der normalen Situation hingegen soll die Krankensalbung wieder zu einer echten gottesdienstlichen Feier gestaltet werden und ihren eigenständigen Platz im Leben der christlichen Gemeinde erhalten.

Damit wurde auch das Weihegebet, das der Bischof in der Chrisammesse in der Karwoche über das Krankenöl betet, überarbeitet. Darin kommt der oben beschriebene Wandel – weg von der „Letzten Ölung" und hin zur „Krankensalbung" - deutlich zum Ausdruck:

> Herr und Gott, du Vater allen Trostes.
> Du hast deinen Sohn gesandt,
>> den Kranken in ihren Leiden Heilung zu bringen.
> So bitten wir dich: Erhöre unser gläubiges Gebet.
> Sende deinen Heiligen Geist vom Himmel her
>> auf dieses Salböl herab.
> Als Gabe deiner Schöpfung, stärkt und belebt es den Leib.
> Durch deinen Segen + werde das geweihte Öl
>> für alle, die wir damit salben,
>> ein heiliges Zeichen deines Erbarmens,
> das Krankheit, Schmerz und Bedrängnis vertreibt,
> heilsam für den Leib, für Seele und Geist.
> Im Namen unseres Herrn Jesus Christus,
>> der mit dir lebt und herrscht in alle Ewigkeit. - Amen.

Dass „Krankheit, Schmerz und Bedrängnis" vertrieben werden sollen, hört sich nicht nach Sterbestunde an, ebenso „heilsam für den Leib, für Seele und Geist".

Sollte der Priester im Notfall kein Krankenöl besitzen, kann er für diese eine Krankensalbung selbst das Öl segnen. Hierzu enthält das Rituale drei Segensgebete. Das Dritte ist an das Weihegebet des Bischofs angelehnt und lautet:

> Herr, sei uns gnädig nahe
> und heilige durch deinen Segen dieses Öl,
> das bereitet wird,
> um die angstvolle Sorge deiner Gläubigen zu mindern.
> Höre auf das Gebet des Glaubens und befreie alle,
> die mit dem geweihten Öl gesalbt werden,
> von jeder Krankheit, die sie niederdrückt.
> Durch Christus, unseren Herrn. - Amen.

Hierbei wird um Befreiung „von jeder Krankheit" gebetet, nicht um eine gute Sterbestunde. Wenn somit das Krankenöl für die „Letzte Ölung" verwendet wird, gleicht es einem Handwerker, der die Holzschraube nicht mit dem Schraubendreher in das Holz dreht, sondern mit einem Hammer in das Holz schlägt. Aus diesem Grunde ist auf eine klare Trennung der Krankensalbung für Kranke und dem Sterbesegen für Sterbende zu achten.

Beim Segensgebet der Krankensalbung macht der Priester dem Kranken mit dem Krankenöl ein Kreuzzeichen auf die Stirn und die beiden Handinnenflächen. Dabei betet er:

> Durch diese heilige Salbung
> 	helfe dir der Herr in seinem reichen Erbarmen,
> er stehe dir bei mit der Kraft des Heiligen Geistes.
> Der Herr, der für uns Mensch wurde, rette dich,
> in seiner Gnade richte er dich auf. - Amen.

Dieses Aufrichten findet sich auch bei der Heilung der Schwiegermutter des Petrus: Jesus „fasste sie an der Hand und richtete sie auf." (Mk 1,31) Dieses Aufrichten ist somit eine Umschreibung von Genesung.

Das 2. Vatikanum forderte noch: „Neben den Riten für getrennte Spendung von Krankensalbung und Wegzehrung soll ein zusammenhängender Ordo geschaffen werden, gemäß dem die Salbung dem Kranken nach der Beichte und vor dem Empfang der Wegzehrung erteilt wird." (SC 74)

Dies ist ein Festhalten an der „Letzten Ölung". Dazu ist diese Einheit von Beichte, Krankensalbung und Wegzehrung in der Klinik in der Sterbestunde in sehr seltenen Fällen (kleiner 10%) noch möglich. Hinzu kommt, dass Angehörige selbst auf Palliativstationen im begonnenen Sterbeprozess mitunter verbieten, dass das Sterben thematisiert wird. Es wird der Tod bis zu dessen Eintritt ausgeblendet. Andererseits ist es aber den Angehörigen wichtig, dass noch ein Priester kommt und betet.

Pastoral gilt es zwischen Lebensgefahr und Sterbeprozess zu unterscheiden:

- Bei Lebensgefahr ist die Krankensalbung angebracht.

- Bei unabwendbaren Sterbeprozess ist die Wegzehrung und der Sterbesegen, wenn möglich auch die Beichte, angebracht.

Seit dem 9. Jh. ist die Wegzehrung das Sterbesakrament. Damals gab es eine Anordnung, dass kein Priester ohne heiliger Kommunion aus dem Haus gehen dürfe, denn er könnte einen Sterbenden treffen, dem er die Wegzehrung (Viaticum) zu spenden habe. Dieses Wissen wurde durch die „Letzte Ölung" verdrängt.

1.1.2 Heutige Situation

In den letzten 40 Jahren hat sich im Bereich der Kirche und Gesellschaft vieles geändert: Rund 80% der Menschen sterben in Kliniken und Pflegeheimen. Sterbende sind in ihren letzten Stunden oft nicht mehr ansprechbar. Die Zahl der Priester schrumpft und wird in den nächsten Jahrzehnten noch weiter abnehmen. In Kliniken und Altenheimen sind meist Laien als SeelsorgerInnen tätig (in einigen Diözesen gab es bereits im Jahr 2010 weniger als 20% Priester).

In Deutschland sank im Zeitraum 1990–2021 die Zahl der Priester von 19.707 auf 12.280. Davon waren 7.913 im aktiven Dienst.

Noch sind die aus der Babyboomer-Generation stammenden Priester im Dienst. Bis 2035 sind die meisten von ihnen im Ruhestand. So viele Neupriester werden nicht nachkommen. Daher schrumpft die Anzahl der Priester weiter .

Die Babyboomer-Generation wird in den nächsten Jahrzehnten das Gros der Kranken und Sterbenden ausmachen. Auch sie sollten seelsorglich gut versorgt werden.

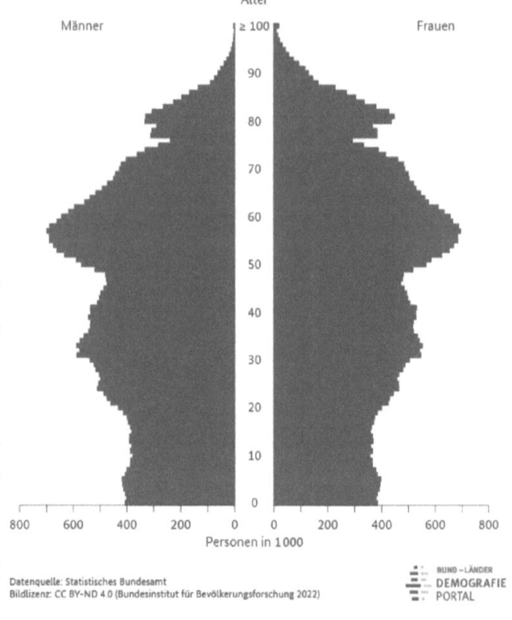

Daher wird es um so wichtiger, in allen Pfarreien jährlich einen oder mehrere Krankensegnungs-Gottesdienste anzubieten, zu denen die Alten und Kranken eingeladen werden. Im Rahmen dieses Gottesdienstes wird ihnen der Empfang der Krankensalbung angeboten. Durch diese tätige Teilnahme erleben die Alten und Kranken – zusammen mit ihren Familien -, dass die Krankensalbung ein Sakrament für die Alten und Kranken ist, nicht für die Sterbenden.

Den Sterbenden können pastorale Mitarbeiter den Sterbesegen spenden, wenn möglich auch die Wegzehrung. Um dem magischen Verständnis einiger Gläubigen - das Segensgebet durch einen Priester sei gewichtiger, als das eines pastoralen Mitarbeiters - wirksam entgegenzutreten, ist das Kirchenvolk über diesen Irrglauben entsprechend aufzuklären.

Dem Wunsch der Patienten, Sterbenden und Angehörigen um gute seelsorgliche Begleitung, sollte entsprochen werden Diesen beiden Bedürfnissen entsprechen die Krankensalbung und der Sterbesegen mit Wegzehrung mit ihren je eigenen Zielsetzungen und je eigenen Texten.

Es gibt vereinzelt die Situationen, dass Sterbende und/oder Angehörige den unabwendbaren Sterbeprozess nicht wahrhaben wollen und noch immer auf Genesung hoffen. Es ist als Seelsorger kontraproduktiv, in diesen Situationen eine Diskussion über den Sachverhalt zu führen. Es steht aber der Wunsch um Krankensalbung im Raum. Damit pastoral dem Wunsch um Krankensalbung entsprochen wird, theologisch die Situation ins Gebet gebracht wird, kann die „Offene Form" der Krankensalbung gewählt werden. Sie bittet Gott einfach um Begleitung durch die schwere Krankheit.

Auf der Intensivstation kann bei der Therapiebeendigung der Sterbesegen den Angehörigen sehr hilfreich sein, die unabwendbare Situation anzunehmen und für den Sterbenden zu beten. Das kann für Angehörige sehr tröstlich sein.

Menschen mit schweren Hirnverletzungen können den Hirntod sterben. In Deutschland sind das jährlich etwa 5.000 Hirntote, von denen die Hinterbliebenen Abschied zu nehmen haben. Über 90% von ihnen wurden durch ein plötzliches Ereignis aus dem aktiven Leben gerissen, wurden binnen Sekunden bewusstlos und verstarben. Nach der Feststellung des Hirntodes ist er medizinisch und theologisch ein Toter. Hinzu kommt, dass sich auf der Intensivstation ein Hirntoter äußerlich nicht von einem beatmeten Komapatienten unterscheidet. Diese Situation wird liturgisch entsprechend aufgenommen. Dies entspricht der Realität und hilft den Hinterbliebenen beim Abschiednehmen.

Rund 25% der Deutschen sind katholische Christen, rund 25% sind evangelisch, rund 40% sind konfessionslos. Diese Realität erklärt, warum es den Angehörigen beim Sterben wichtig ist, dass ein Priester kommt, sie selbst aber nicht mitbeten. Der seelsorgliche Dienst an Kranken und Sterbenden birgt die Chance, dass die Konfessionslosen eine positive Erfahrung mit der Kirche machen. Durch die Fortsetzung der Kontakte, z.B. durch regelmäßige Trost-Gottesdienste – siehe: www.schaefer-sac.de - besteht die Möglichkeit, dass Konfessionslose den Wert der Religionszugehörigkeit schätzen lernen und ggf. (wieder) in die Kirche eintreten.

Aus dieser Realität heraus wird den Mitfeiernden nur bei den Fürbitten die Antwort vorgegeben. Auch wenn sie die sonst üblichen Antworten und Standardgebete nicht (mehr) kennen, so sollen sie zumindest bei den Fürbitten zum tätigen Mitbeten eingeladen werden.[1] Sie sollen damit auch eine Chance erhalten, einen persönlichen Kontakt zu Gott herzustellen. Dies hilft ihnen auch aus der hilflosen Statistenrolle.

1.1.3 Ausblick in die Zukunft

Bis zum Jahr 2035 werden nach einer Hochrechnung statt der aktuell knapp 8.000 Priester noch etwa 3.000 Priester tätig sein. Dem könnte durch verschiedene Maßnahmen entgegengewirkt werden:

a) man erkennt an, dass Deutschland ein Missionsland ist und holt sich aus anderen Ländern Priester nach Deutschland,[2]

b) der Pflichtzölibat wird abgeschafft,

c) Frauen werden zum Priesteramt zugelassen.

---

1   Daher werden in diesem Buch die Antworten des Volkes an den übrigen Stellen weggelassen und im Text nur mit einem „-" eingeleitet.

2   Bereits im Jahr 2018 stammten rund 30% der Priester aus dem Ausland.

Es ist nicht zu erwarten, dass alle entstandenen Lücken mit ausländischen Priestern ausgefüllt werden und b) und c) in den nächsten 10 Jahren umgesetzt wird. Damit wird der Priestermangel weiter ansteigen.

Der Sterbesegen und die Aussegnung dürfen zwar bereits jetzt von einem pastoralen Laien ausgeübt werden. Es obliegt der katholischen Kirche, dass die in der Seelsorge tätigen Menschen die hierfür notwendige kirchliche Beauftragung (nicht nur Erlaubnis) erhalten.[3] Dies schließt alle pastoralen Mitarbeiter[4] mit ein. Konkret bedeutet dies, dass alle pastoralen Mitarbeiter mit kirchlichem Auftrag Krankensalbung, Sterbesegen und Aussegnungen sowie auch Nottaufen vornehmen dürfen, nicht nur im Notfall, sondern allgemein.

Viele Kranke und Schwerverletzte, aber auch viele Hinterbliebene, fragen sich in ihrem Leid, warum Gott sie so schwer straft. Oft sind es rechtschaffene Christen, die sich nichts Schweres vorzuwerfen haben. Um diesen Menschen die Verknüpfung von Krankheit und Tod mit Sünde nicht noch zu verstärken, sollte in allen liturgischen Texten diese Verknüpfung entfernt werden, auch aus dem Messbuch. Hat sich doch bereits Jesus gegen eine solche Verknüpfung ausgesprochen.

Daher wurde in der Segensformel der Satz „Der Herr, der dich von Sünden befreit, rette dich" zu „Der Herr, der für uns Mensch wurde, rette dich" abgeändert. Es wurde auch darauf geachtet, dass in den hier verwendeten Bibeltexten die Verse mit „Sünde" ausgelassen wurden.

---

3 Bei der Bundeswehr wird mit der „Vergatterung" selbst ein einfacher Soldat aus dem üblichen Vorgesetztenverhältnis herausgelöst und ist als Wachsoldat selbst gegenüber Offizieren weisungsbefugt. So sollte in der katholischen Kirche es möglich sein, dass die in der Seelsorge tägigen Menschen auch die dafür notwendige kirchliche Beauftragung erhalten.

4 Alle Pastoralreferenten und Gemeindereferenten sowie deren weiblichen Form.

1.2 Handhabung des Buches

Zahlreiche Patienten (z.B. psychisch Kranke, Krebspatienten) haben keine Wunden. Daher spricht dieses Buch allgemein von „Krankheit" oder „Leiden".[5] Es trennt auch klar die verschiedenen Situationen.

Dieses Buch geht neben den allgemeinen Formen mit eigenen Gebeten auch auf einige Situationen der Lebenswirklichkeit ein:

- Krankensalbung vor einer großen Operation bzw. schweren Behandlung, bei seelischem Leiden und nach misslungenem Suizidversuch.
  Für Kranke und in Lebensgefahr befindliche Menschen.

- Sterbesegen bei vorzeitigem Sterben und bei Beendigung der Therapie.
  Für akut sich im Sterbeprozess Befindliche.

- Aussegnung eines toten Kindes, bei plötzlichem Tod und nach einem Suizid.
  Für Verstorbene, d.h. auch für Hirntote.

- Nottaufe in kritischer Situation und bei einem sterbenden Kind.

- Segnung von Einsatzkräften[6]

- Segnung von religiösen Zeichen

Dieses Segensbuch enthält damit grundlegende Riten bei Krankheit, Sterben und Tod. Es kann in der Klinikseelsorge wie auch in der Gemeindepastoral verwendet werden.

Zum allgemeinen Verständnis, auch für Kirchenferne, sind die Gebete in einfacher Form gehalten.

---

5 „Patient" leitet sich aus dem Lateinischen ab und bedeutet „der Leidende".

6 Soldaten, Polizisten, Feuerwehrleute, Mitglieder des THW, der Seenotrettung, der Wasserwacht, der Bergwacht, …
   Es gibt Berufe und Freiwillige, die bewusst ihr eigenes Leben einsetzen, um andere Menschen zu schützen, zu retten oder zu bergen. Für ihren Dienst an den Menschen sollen sie vor bzw. während eines Einsatzes oder allgemein einmal im Jahr die Möglichkeit erhalten, durch eine entsprechende Segnung den Beistand Gottes für ihren Dienst erbitten können.

1.3 Hinweise

Als Abkürzungen werden verwendet:

N. = Name des Kranken, des Sterbenden bzw. Toten

X. = Familienname der Angehörigen bzw. der Hinterbliebenen

Zur Auswahl stehende Texte sind in kursiv gesetzt, z.B.: *ihr/ihm*

Vorstellung

> Zu Beginn der liturgischen Handlung stellt sich der Seelsorger vor. Dies kann bei einer Krankensalbung etwa in dieser Form geschehen:

N. ich bin ..., Klinikseelsorger/Gemeindepfarrer/.... . Ich bin hier zusammen mit ... um Ihnen, N., die Krankensalbung zu spenden. Wir bitten damit Gott, dass er Ihnen, N., beistehe, Kraft schenke und mithelfe, wieder gesund zu werden.

> Bei einem Sterbesegen kann dies etwa in dieser Form geschehen:

N. ich bin ... (Klinikseelsorger/Gemeindepfarrer/...). Ich bin hier zusammen mit ... (die anwesenden Angehörigen aufzählen) um Ihnen, N., den Sterbesegen zu spenden. Wir bitten damit Gott, dass er sich Ihnen, N., als der gute Hirte erweisen möge, als der er im Psalm 23 genannt ist, und den ich auch gleich beten werde.

> Bei der Aussegnung sollten diese Worte an die Hinterbliebenen gerichtet sein:

Sehr geehrte Familie X. Wir sind hier zusammengekommen, um Abschied zu nehmen von N. Wir bitten damit Gott, dass er N. zu sich nehmen möge, dorthin, wo es keine Krankheit, kein Leiden und keinen Tod mehr gibt – und wo wir uns alle wiedersehen.

Aktive Beteiligung

Sind Familienangehörige und/oder Freunde bei der liturgischen Handlung anwesend, sollten sie zur tätigen Teilnahme eingeladen werden.[7] Dies kann in Worten (Antworten, Gebeten) und Handlungen (z.B. durch Handauflegung) geschehen.

---

7 In Krankenhäusern und Pflegeeinrichtungen kann auch das anwesende Personal zur tätigen Teilnahme in Wort und Tat eingeladen werden.

Persönliche Ansprache

Auch wenn der Kranke oder Sterbende nicht ansprechbar ist, sollte er vom Seelsorger grundsätzlich persönlich angesprochen werden.

Ist der Tod festgestellt, sollte nur noch zu den Hinterbliebenen gesprochen werden und der Tote nur bei der Segnung direkt angesprochen werden. Dies gilt insbesondere beim Hirntod.[8].

Psalm 23

Die Redakteure der Einheitsübersetzung 2016 legten großen Wert auf Worttreue, weniger auf das Sprachgefühl. Darunter leiden heute viele biblische Texte, darunter auch der Psalm 23. Um dem allgemeinen Sprachgebrauch zu entsprechen und weil oft auch evangelische Christen unter den Mitfeiernden sind, ist in diesem Buch der Psalm 23 in den Fassung der Einheitsübersetzung 2016 und der Lutherbibel 2017 zur Auswahl angegeben.

Wenn der Psalm 23 bei der Krankensalbung oder beim Sterbesegen verwendet wurde, soll er nicht nochmals beim Sterbesegen bzw. bei der Aussegnung verwendet werden. Hierzu gibt es die Auswahltexte.

Sprachliche und tätige Abgrenzung

Der Tod ist der große Gleichmacher und der große Wandler:

Zeit des Lebens	*Zeit des Todes*
Patient, Sterbender	Toter, Hirntoter
Ehefrau, Ehemann	Witwe, Witwer
Kind	Waise (Halb- oder Vollwaise)
Angehörige	Hinterbliebene
Krankensalbung, Sterbesegen	Aussegnung

Sprachlich wird in diesem Handbuch strikt zwischen der Zeit des Lebens (bis zum Eintritt des Todes) und der Zeit ab dem Tod unterschieden:

---

8 Da der Hirntod ein unsichtbarer Tod ist, d.h. das Herz schlägt noch, könnte es die Hinterbliebenen sehr verwirren, wenn der Seelsorger den Hirntoten persönlich anspricht. Es könnte die Frage aufkommen, ob der Hirntote doch noch etwas wahrnimmt. Dies ist bei Tod – ebenso bei Hirntod – unmöglich. Daher sollte verhindert werden, dass solch eine Frage hochkommt.

Die Seele der Toten

Die katholische Kirche lehrt, dass die Seele „sich im Tod vom Leibe trennt" (KKK 366). Daher widerspricht es dem Glauben, dass die Seele noch eine bestimmte Zeit nach dem Eintritt des Todes im Körper sei. Tote können somit keine Krankensalbung empfangen. Bei ihnen ist die Aussegnung die richtige liturgische Handlung.

Mitunter ist es Brauch, dass vor und/oder nach dem Eintritt des Todes das Fenster geöffnet wird, damit die Seele hinaus kann. Auch dies ist kein Bestandteil des katholischen Glaubens.[9]

Heilung für Leib und Seele

Christus „ist gekommen, den ganzen Menschen – Seele und Leib – zu heilen" (KKK 1503). Daher ist es angebracht, das Sakrament der Krankensalbung nicht nur körperlich Kranken anzubieten und zu spenden, sondern auch seelisch Kranken. Zu Letzteren gehören nicht nur die Patienten in psychiatrischen Einrichtungen, sondern alle Menschen, die seelische Verletzungen erlitten haben.

Sterbebegleitung bei Muslimen

Von Mohammed ist überliefert, wer kurz vor dem Tod das Glaubensbekenntnis (Schehadda) betet, komme ins Paradies. Es lautet: „Ich bezeuge: Es gibt keinen Gott außer Gott und Mohammed ist der Gesandte Gottes."

Wenn ein sterbender Muslim bei Bewusstsein ist, betet er die Schehadda. Wenn er dazu die Kraft hat, hebt er dabei den Zeigefinger zum Himmel.Wenn er zu schwach oder bewusstlos ist, kann ein Muslim ihm die Schehadda ins Ohr flüstern, damit er sich daran erinnert.

Wenn bei einem sterbenden Muslim kein weiterer Muslim anwesend ist und den Sterbenden begleitet, kann auch ein Nicht-Muslim diese Worte beten:
„Es gibt keinen Gott, außer Allah"

(Arabisch: Asch-hadu an-la Ilaha Illa Allah)

---

9 Man bedenke: Die Seelen der Männer, die im Bergwerk verschüttet wurden oder die in ihrem Unterseeboot auf dem Meeresgrund liegen, wären für immer dort gefangen. Sie könnten nie die Herrlichkeit Gottes schauen.

2 Seelsorgliches Handeln

2.1 Krankensalbungen

2.1.1 Allgemeine Form

Eröffnung

Beginnen wir diese kleine Segensfeier im Namen des Vaters und des Sohnes und des Hl. Geistes. - Amen.

N, wir sind hier versammelt, um Ihnen die Krankensalbung zu spenden, denn in der hl. Schrift heißt es: (Jak.5,14f)
„Ist einer unter euch krank, dann rufe er die Ältesten der Gemeinde zu sich;
sie sollen Gebete über ihn sprechen und ihn im Namen des Herrn mit Öl salben.
Das gläubige Gebet wird den Kranken retten und der Herr wird ihn aufrichten"

Kyrie

So rufen wir zu Beginn dieser kleinen Feier Gott um sein Erbarmen an:

- Herr unser Gott, du willst, dass alle heil werden und zum Heil gelangen. - Herr, erbarme dich.

- Dein Sohn Jesus Christus hat Kranke geheilt. - Christus erbarme dich.

- Er hat auch seinen Jüngern aufgetragen, für die Kranken zu beten und sie zu salben. - Herr, erbarme dich.

Der barmherzige Gott erbarme sich unser. Er nehme alles Schwere und Bedrückende von uns und führe uns zum ewigen Leben. - Amen.

Lesungen (Mt.8,5-10;13 Heilung des Dieners des röm. Hauptmannes)

Wir hören aus dem heiligen Evangelium nach Matthäus:

Als Jesus nach Kafarnaum kam, trat ein Hauptmann an ihn heran und bat ihn:

Herr, mein Diener liegt gelähmt zu Hause und hat große Schmerzen.

Jesus sagte zu ihm: Ich will kommen und ihn heilen.

Und der Hauptmann antwortete: Herr, ich bin es nicht wert, dass du unter mein Dach einkehrst; aber sprich nur ein Wort, dann wird mein Diener gesund!

Denn auch ich muss Befehlen gehorchen und ich habe selbst Soldaten unter mir;

sage ich nun zu einem: Geh!, so geht er,

und zu einem andern: Komm!, so kommt er,

und zu meinem Diener: Tu das!, so tut er es.

Jesus war erstaunt, als er das hörte, und sagte zu denen, die ihm nachfolgten:

Amen, ich sage euch: Einen solchen Glauben habe ich in Israel noch bei niemandem gefunden.

Und zum Hauptmann sagte Jesus: Geh! Es soll dir geschehen, wie du geglaubt hast.

Und in derselben Stunde wurde sein Diener gesund.

Evangelium unseres Herrn, Jesus Christus.

A: Lob sei dir Christus.

Fürbitten

Wenden wir uns in vertrauensvollem Gebet aus der Kraft unseres gemeinsamen Glaubens an unseren Herrn und bitten ihn inständig für Sie, N., und antworten nach jeder Fürbitte mit „Wir bitten dich, erhöre uns.":

- Herr, komm mit deinem Erbarmen und stärke N. mit der heiligen Salbung.

- Mache N. frei von allem Übel und allem Kranken.

- Lasse die Bemühungen der Ärzte um Genesung gut gelingen.

- Mache es allen Kranken in diesem Hause leichter, ihre Leiden zu tragen.

- Stehe all denen bei, die sich in dienender Sorge der Kranken annehmen.

- Schenke N., *dem/der* wir in deinem Namen die Hände auflegen und salben, Leben und Heil.

=> Krankensalbung und Schluss: siehe Seite 26

2.1.2 Offene Form

> Die offene Form kann bei verschiedenen Situationen verwendet werden:
>
> - Wenn klar ist, dass der Kranke bald stirbt, dieser oder/und seine Angehörigen jedoch noch immer auf Genesung hoffen.
> - Wenn eher mit dem Tod als mit der Genesung gerechnet werden muss.
> - Wenn Hirntod angenommen wird, aber noch nicht festgestellt ist.

Eröffnung

Beginnen wir diese kleinen Segensfeier im Namen des Vaters und des Sohnes und des Hl. Geistes.

Wir sind hier versammelt, um Ihnen, N., die Krankensalbung zu spenden.
Wir bitten damit Gott, dass er sich Ihnen gegenüber als der gute Hirte erweisen möge, als der er im Psalm 23 genannt ist – den ich auch gleich beten werde.
Und dass Sie als dieser gute Hirte gut durch Ihre schwere Krankheit begleiten möge.

Kyrie

So rufen wir zu Beginn dieser kleinen Feier Gott um sein Erbarmen an:

- Herr unser Gott, du willst, dass alle heil werden und zum Heil gelangen.- Herr, erbarme dich.
- Dein Sohn Jesus Christus hatte ein Herz für die Kranken. - Christus erbarme dich.
- Nimm von uns alle Ängste und Sorgen. - Herr, erbarme dich.

Der barmherzige Gott erbarme sich unser.
Er nehme alles Schwere und Bedrückende von uns
und führe uns zum ewigen Leben. - Amen.

Lesungen (Ps 23 (EÜ) - Der gute Hirt)

Der HERR ist mein Hirt, nichts wird mir fehlen.

Er lässt mich lagern auf grünen Auen und führt mich zum Ruheplatz am Wasser.

Meine Lebenskraft bringt er zurück.

Er führt mich auf Pfaden der Gerechtigkeit, getreu seinem Namen.

Auch wenn ich gehe im finsteren Tal, ich fürchte kein Unheil;

denn du bist bei mir, dein Stock und dein Stab, sie trösten mich.

Du deckst mir den Tisch vor den Augen meiner Feinde.

Du hast mein Haupt mit Öl gesalbt, übervoll ist mein Becher.

Ja, Güte und Huld werden mir folgen mein Leben lang

und heimkehren werde ich ins Haus des HERRN für lange Zeit.

Ps 23 - Der gute Hirt (Luther-Fassung)

Der HERR ist mein Hirte, mir wird nichts mangeln. Er weidet mich auf einer grünen Aue und führet mich zum frischen Wasser. Er erquicket meine Seele. Er führet mich auf rechter Straße um seines Namens willen. Und ob ich schon wanderte im finstern Tal, fürchte ich kein Unglück; denn du bist bei mir, dein Stecken und Stab trösten mich. Du bereitest vor mir einen Tisch im Angesicht meiner Feinde. Du salbest mein Haupt mit Öl und schenkest mir voll ein. Gutes und Barmherzigkeit werden mir folgen mein Leben lang, und ich werde bleiben im Hause des HERRN immerdar.

Fürbitten

Wenden wir uns in vertrauensvollem Gebet aus der Kraft unseres gemeinsamen Glaubens an unseren Herrn und bitten ihn für Sie, N.,:

- Herr, komm mit deinem Erbarmen und stärke N. mit der heiligen Salbung.

- Begleite N. gut durch *seine/ihre* schwere Krankheit.

- Lasse N. deine Gegenwart spüren und erfahren.

- Mache es allen Kranken in diesem Hause leichter, ihre Leiden zu tragen.

- Stehe all denen bei, die sich in dienender Sorge der Kranken annehmen.

- Schenke N., *dem/der* wir in deinem Namen die Hände auflegen und salben, Leben und Heil.

=> Krankensalbung und Schluss: siehe Seite 26

2.1.3 Vor großer Operation / schwerer Behandlung

Eröffnung

Beginnen wir diese kleine Segensfeier im Namen des Vaters und des Sohnes und des Hl. Geistes.

Wir sind hier versammelt, um Ihnen, N., die Krankensalbung zu spenden. Wir bitten damit Gott, dass er die bevorstehende *Operation / Behandlung* gut gelingen lasse. Mögen Sie ohne Komplikation nach der *Operation / Behandlung* wieder schnell genesen.

Kyrie

So rufen wir zu Beginn dieser kleinen Feier Gott um sein Erbarmen an:

- Herr, unser Gott, N. steht vor einer großen *Operation / Behandlung* und erfleht hierzu deinen Beistand. - Herr, erbarme dich.
- Nimm von N. alle Ängste und Vorbehalte und stehe *ihm/ihr* bei. - Christus erbarme dich.
- Lasse N. ruhig und mit großem Vertrauen auf dich in diese große *Operation / Behandlung* gehen. - Herr, erbarme dich.

Der barmherzige Gott erbarme sich unser. Er nehme alles Schwere und Bedrückende von uns und führe uns zum ewigen Leben.

Lesungen (Ps 23 (EÜ) - Der gute Hirt)

Der HERR ist mein Hirt, nichts wird mir fehlen.
Er lässt mich lagern auf grünen Auen und führt mich zum Ruheplatz am Wasser.
Meine Lebenskraft bringt er zurück.
Er führt mich auf Pfaden der Gerechtigkeit, getreu seinem Namen.
Auch wenn ich gehe im finsteren Tal, ich fürchte kein Unheil;
denn du bist bei mir, dein Stock und dein Stab, sie trösten mich.
Du deckst mir den Tisch vor den Augen meiner Feinde.
Du hast mein Haupt mit Öl gesalbt, übervoll ist mein Becher.
Ja, Güte und Huld werden mir folgen mein Leben lang
und heimkehren werde ich ins Haus des HERRN für lange Zeit.

Ps 23 - Der gute Hirt (Luther-Fassung)

Der HERR ist mein Hirte, mir wird nichts mangeln.

Er weidet mich auf einer grünen Aue und führet mich zum frischen Wasser.

Er erquicket meine Seele.

Er führet mich auf rechter Straße um seines Namens willen.

Und ob ich schon wanderte im finstern Tal, fürchte ich kein Unglück;

denn du bist bei mir, dein Stecken und Stab trösten mich.

Du bereitest vor mir einen Tisch im Angesicht meiner Feinde.

Du salbest mein Haupt mit Öl und schenkest mir voll ein.

Gutes und Barmherzigkeit werden mir folgen mein Leben lang,

und ich werde bleiben im Hause des HERRN immerdar.

Fürbitten

Wenden wir uns in vertrauensvollem Gebet aus der Kraft unseres gemeinsamen Glaubens an unseren Herrn und bitten ihn inständig für Sie, N.,:

- Herr, komm mit deinem Erbarmen und stärke N. mit der heiligen Salbung.

- - Führe du die Hand des Chirurgen und lasse die Operation gut gelingen

- - Stehe N. in der anstehenden Behandlung bei.

- Lasse N. nach der *Operation / Behandlung* wieder völlig genesen.

- Mache es allen Kranken in diesem Hause leichter, ihre Leiden zu tragen.

- Stehe all denen bei, die sich in dienender Sorge der Kranken annehmen.

- Schenke N., *dem/der* wir in deinem Namen die Hände auflegen und salben, Leben und Heil.

=> Krankensalbung und Schluss: siehe Seite 26

2.1.4 Bei seelischen Leiden

Eröffnung

Beginnen wir diese kleine Segensfeier im Namen des Vaters und des Sohnes und des Hl. Geistes.

Wir sind hier versammelt, um Ihnen, N., die Krankensalbung zu spenden.
Wir bitten damit Gott, dass er Sie von Ihren Leiden befreien
und Sie wieder einem Leben in Fülle zuführen möge.

Kyrie

So rufen wir zu Beginn dieser kleinen Feier Gott um sein Erbarmen an:

- Herr, unser Gott, N. plagt seelisches Leid. - Herr, erbarme dich.

- Das Leid ist weder greifbar noch sichtbar. - Christus erbarme dich.

- Dieses Leid raubt Lebensfreude und Lebensqualität. - Herr, erbarme dich.

Der barmherzige Gott erbarme sich unser. Er nehme alles Schwere und Bedrückende von uns und führe uns zum ewigen Leben.

Lesungen (Ps 23 (EÜ) - Der gute Hirt)

Der HERR ist mein Hirt, nichts wird mir fehlen.
Er lässt mich lagern auf grünen Auen und führt mich zum Ruheplatz am Wasser.
Meine Lebenskraft bringt er zurück.
Er führt mich auf Pfaden der Gerechtigkeit, getreu seinem Namen.
Auch wenn ich gehe im finsteren Tal, ich fürchte kein Unheil;
denn du bist bei mir, dein Stock und dein Stab, sie trösten mich.
Du deckst mir den Tisch vor den Augen meiner Feinde.
Du hast mein Haupt mit Öl gesalbt, übervoll ist mein Becher.
Ja, Güte und Huld werden mir folgen mein Leben lang
und heimkehren werde ich ins Haus des HERRN für lange Zeit.

Lesung B (Joh 10,9f – Das Leben in Fülle)

Jesus sprach: Ich bin die Tür; wer durch mich hineingeht, wird gerettet werden; er wird ein- und ausgehen und Weide finden. ... ich bin gekommen, damit sie das Leben haben und es in Fülle haben.

Ps 23 - Der gute Hirt (Luther-Fassung)

Der HERR ist mein Hirte, mir wird nichts mangeln.

Er weidet mich auf einer grünen Aue und führet mich zum frischen Wasser.

Er erquicket meine Seele.

Er führet mich auf rechter Straße um seines Namens willen.

Und ob ich schon wanderte im finstern Tal, fürchte ich kein Unglück;

denn du bist bei mir, dein Stecken und Stab trösten mich.

Du bereitest vor mir einen Tisch im Angesicht meiner Feinde.

Du salbest mein Haupt mit Öl und schenkest mir voll ein.

Gutes und Barmherzigkeit werden mir folgen mein Leben lang,

und ich werde bleiben im Hause des HERRN immerdar.

Lesung C (Jer 29,11f – Pläne des Heils)

Denn ich, ich kenne die Gedanken, die ich für euch denke - Spruch des HERRN -, Gedanken des Heils und nicht des Unheils; denn ich will euch eine Zukunft und eine Hoffnung geben. Ihr werdet mich anrufen, ihr werdet kommen und zu mir beten und ich werde euch erhören.

Fürbitten

Wenden wir uns in vertrauensvollem Gebet aus der Kraft unseres gemeinsamen Glaubens an unseren Herrn und bitten ihn inständig für N.,:

- Herr, komm mit deinem Erbarmen und stärke N. mit der heiligen Salbung.

- Nimm von N. alles, was *ihm/ihr* das Leben so schwer macht.

- Schenke N. wieder Lebensqualität und Lebensfreude.

- Mache es allen Kranken in diesem Hause leichter, ihre Leiden zu tragen.

- Stehe all denen bei, die sich in dienender Sorge der Kranken annehmen.

- Schenke N., *dem/der* wir in deinem Namen die Hände auflegen und salben, Leben in Fülle.

=> *Krankensalbung und Schluss: siehe Seite 26*

2.1.5 Nach misslungenem Suizidversuch

Eröffnung

Beginnen wir diese kleine Segensfeier im Namen des Vaters und des Sohnes und des Hl. Geistes.

Wir sind hier versammelt, um Ihnen, N., die Krankensalbung zu spenden.
Wir bitten damit Gott, dass er Ihnen alle Ängste und Sorgen auflösen
und dafür Lebenswillen und Lebensfreude schenken möge.

Kyrie

So rufen wir zu Beginn dieser kleinen Feier Gott um sein Erbarmen an:

- Herr, unser Gott, für N. war das Leben so schwer, dass *er/sie* allen Lebenswillen verloren hatte. - Herr, erbarme dich.

- Ohne Lebensfreude wollte N. nicht mehr leben. - Christus erbarme dich.

- In großer Verzweiflung sah N. nur diesen einen Ausweg. - Herr, erbarme dich.

Der barmherzige Gott erbarme sich unser. Er nehme alles Schwere und Bedrückende von uns und führe uns zum ewigen Leben.

Lesungen (Ps 23 (EÜ) - Der gute Hirt)

Der HERR ist mein Hirt, nichts wird mir fehlen.
Er lässt mich lagern auf grünen Auen und führt mich zum Ruheplatz am Wasser.
Meine Lebenskraft bringt er zurück.
Er führt mich auf Pfaden der Gerechtigkeit, getreu seinem Namen.
Auch wenn ich gehe im finsteren Tal, ich fürchte kein Unheil;
denn du bist bei mir, dein Stock und dein Stab, sie trösten mich.
Du deckst mir den Tisch vor den Augen meiner Feinde.
Du hast mein Haupt mit Öl gesalbt, übervoll ist mein Becher.
Ja, Güte und Huld werden mir folgen mein Leben lang
und heimkehren werde ich ins Haus des HERRN für lange Zeit.

Ps 23 - Der gute Hirt (Luther-Fassung)

Der HERR ist mein Hirte, mir wird nichts mangeln.

Er weidet mich auf einer grünen Aue und führet mich zum frischen Wasser.

Er erquicket meine Seele.

Er führet mich auf rechter Straße um seines Namens willen.

Und ob ich schon wanderte im finstern Tal, fürchte ich kein Unglück;

denn du bist bei mir, dein Stecken und Stab trösten mich.

Du bereitest vor mir einen Tisch im Angesicht meiner Feinde.

Du salbest mein Haupt mit Öl und schenkest mir voll ein.

Gutes und Barmherzigkeit werden mir folgen mein Leben lang,

und ich werde bleiben im Hause des HERRN immerdar.

Lesung B (Joh 10,9f – Das Leben in Fülle)

Jesus sprach: Ich bin die Tür; wer durch mich hineingeht, wird gerettet werden;
er wird ein- und ausgehen und Weide finden. ...
ich bin gekommen, damit sie das Leben haben und es in Fülle haben.

Fürbitten

Wenden wir uns in vertrauensvollem Gebet aus der Kraft unseres gemeinsamen Glaubens an unseren Herrn und bitten ihn inständig für N.,:

- Herr, komm mit deinem Erbarmen und stärke N. mit der heiligen Salbung.

- Stehe N. bei und schenke *ihm/ihr* wieder Lebensmut und Lebensfreude.

- Stelle N. Menschen zur Seite, denen *er/sie* sich anvertrauen kann und die *ihn/sie* gut begleiten können.

- Mache es allen Kranken in diesem Hause leichter, ihre Leiden zu tragen.

- Stärke alle, die sich in dienender Sorge der Kranken annehmen.

- Schenke N., *dem/der* wir in deinem Namen die Hände auflegen und salben, Leben und Heil.

2.1.6 Krankensalbung und Schluss

Erklärung

N., ich werde Ihnen nun zum Segen die Hände auflegen, d.h. auf den Kopf, und für Sie von Gott alles Gute erbitten, all das, was Sie in Ihrer Situation nun dringend benötigen.

(An die Anwesenden gewandt): Wenn Sie wollen – Sie müssen nicht – können Sie im Anschluss daran es ebenso machen oder mit sonst einer Geste Ihre guten Wünsche für N. zum Ausdruck bringen.

Handauflegung und Salbung

Der Vorsteher legt dem Kranken im stillen Gebet die Hände auf und ermöglicht es den Anwesenden, es ihm anschließend gleichzutun. Dann spendet der Vorsteher die Krankensalbung.

Durch diese heilige Salbung † helfe dir der Herr in seinem reichen Erbarmen,

er stehe dir bei † mit der Kraft des Heiligen Geistes.

Der Herr, der für uns Mensch wurde †, rette dich,

in seiner Gnade richte er dich auf.

Salbung bei offener Form

Durch diese heilige Salbung † helfe dir der Herr in seinem reichen Erbarmen,

er stehe dir bei † mit der Kraft des Heiligen Geistes.

Der Herr, der für uns Mensch wurde †, rette dich,

in seiner Gnade stehe er dir bei.

Abschluss – allgemein I

Lasst uns beten. - Herr, unser Erlöser,

durch die Kraft des Heiligen Geistes hilf N. in *seiner/ihrer Krank*heit.

Nimm von *ihm/ihr* alle geistigen und körperlichen Leiden.

In deinem Erbarmen richte *ihn/sie* wieder auf

und mache *ihn/sie* gesund an Leib und Seele,

damit *er/sie* sich wiederum *seinen/ihren* Aufgaben widmen kann.

Darum bitten wir dich, der du lebst und herrschest in alle Ewigkeit. - Amen.

Abschluss – allgemein II

Lasst uns beten. - Herr, Jesus Christus,
du hast unsere gebrechliche Natur angenommen,
um die Menschen zu erlösen und die Kranken zu heilen.
Blicke gnädig auf N., *der/die* krank darnieder liegt
und Heilung erhofft für Leib und Seele.
In deinem Namen haben wir *ihn/sie* mit dem heiligen Öl gesalbt.
Begleite und tröste *ihn/sie* durch deine Gegenwart.
Darum bitten wir durch Christus, unseren Herrn.

Abschluss – offene Form

Lasst uns beten.
Herr, Jesus Christus, du bist der gute Hirte, der uns auf gute Weide führt.
Blicke gnädig auf N., *der/die* krank darnieder liegt.
In deinem Namen haben wir *ihn/sie* mit dem heiligen Öl gesalbt.
Begleite und tröste *ihn/sie* durch deine Gegenwart.
Darum bitten wir durch Christus, unseren Herrn.

Vaterunser

So lasst uns beten, wie uns Jesus zu beten gelehrt hat.
Vater unser im Himmel, ...

Schlusssegen

Form A

Es segne, behüte und begleite euch der allmächtige und barmherzige Herr,
der Vater † und der Sohn und der Heilige Geist.

Form B

Der Herr segne euch und behüte euch.
Er lasse sein Angesicht über euch leuchten und sei euch gnädig.
Er erhebe sein Angesicht über euch und schenke euch Frieden und Heil,
damit verbunden Ihnen auch Heilung.
Das gewähre euch der Vater † und der Sohn und der Heilige Geist.

Form C – Vor einer großen Operation

Der Herr segne und behüte euch.
Er lasse die Operation gut gelingen
     und schenke Ihnen eine komplikationslose Genesung.
Das gewähre euch der Vater † und der Sohn und der Heilige Geist.

Form D – Vor einer schweren Behandlung

Der Herr segne und behüte euch.
Er lasse die Bemühungen der Ärzte gut gelingen
     und schenke Ihnen eine rasche Genesung.
Das gewähre euch der Vater † und der Sohn und der Heilige Geist.

Form E – Engel

Es segne euch Gott mit all seinen Engeln.
Der Engel der Zuversicht schenke euch Vertrauen.
Der Engel der Zeit schenke euch Geduld.
Der Engel des Weges begleite euch gut durch diese schwere Zeit.
Dazu segne dich der dreieinige Gott,
der Vater † und der Sohn und der Heilige Geist.

Form F - Nach einem misslungenen Suizidversuch

Der Gott des Lebens nehme Dir alle Deine Lebensängste
     und schenke Dir eine nie endende Sehnsucht nach Leben.
Er stelle Dir gute Wegbegleiter zur Seite,
     die Dich einem Leben in Fülle zuführen.
Er segne Dich mit einem unerschütterlichen Lebensmut,
     der allen Widernissen des Lebens stand hält.
Dazu segne dich der dreieinige Gott,
der Vater † und der Sohn und der Heilige Geist.

2.1.7 Bei schwieriger Schwangerschaft

Eröffnung

Beginnen wir diese kleine Feier im Namen des Vaters und des Sohnes und des Hl. Geistes.

Wir sind hier versammelt, um Ihnen, N., die Krankensalbung zu spenden. Wir bitten damit Gott, dass er sich Ihnen gegenüber als der gute Hirte erweisen möge, als der er im Psalm 23 genannt ist – den ich auch gleich lesen werde - und er Sie gut durch diese schwierige Schwangerschaft begleiten möge.

Kyrie

So rufen wir zu Beginn dieser kleinen Feier Gott um sein Erbarmen an:

- Herr unser Gott, N. hat große Probleme mit der Schwangerschaft. - Herr, erbarme dich.

- Dein Sohn Jesus Christus hatte ein Herz für die Kranken. - Christus erbarme dich.

- Nimm von uns alle Ängste und Sorgen. - Herr, erbarme dich.

Der barmherzige Gott erbarme sich unser. Er nehme alles Schwere und Bedrückende von uns und führe uns zum ewigen Leben.

Lesungen (Ps 23 (EÜ) - Der gute Hirt)

Der HERR ist mein Hirt, nichts wird mir fehlen.

Er lässt mich lagern auf grünen Auen und führt mich zum Ruheplatz am Wasser.

Meine Lebenskraft bringt er zurück.

Er führt mich auf Pfaden der Gerechtigkeit, getreu seinem Namen.

Auch wenn ich gehe im finsteren Tal, ich fürchte kein Unheil;

denn du bist bei mir, dein Stock und dein Stab, sie trösten mich.

Du deckst mir den Tisch vor den Augen meiner Feinde.

Du hast mein Haupt mit Öl gesalbt, übervoll ist mein Becher.

Ja, Güte und Huld werden mir folgen mein Leben lang

und heimkehren werde ich ins Haus des HERRN für lange Zeit.

Ps 23 - Der gute Hirt (Luther-Fassung)

Der HERR ist mein Hirte, mir wird nichts mangeln.

Er weidet mich auf einer grünen Aue und führet mich zum frischen Wasser.

Er erquicket meine Seele.

Er führet mich auf rechter Straße um seines Namens willen.

Und ob ich schon wanderte im finstern Tal, fürchte ich kein Unglück;

denn du bist bei mir, dein Stecken und Stab trösten mich.

Du bereitest vor mir einen Tisch im Angesicht meiner Feinde.

Du salbest mein Haupt mit Öl und schenkest mir voll ein.

Gutes und Barmherzigkeit werden mir folgen mein Leben lang,

und ich werde bleiben im Hause des HERRN immerdar.

Fürbitten

Wenden wir uns in vertrauensvollem Gebet aus der Kraft unseres gemeinsamen Glaubens an unseren Herrn und bitten ihn inständig für Sie, N., und Ihr Kind:

- Herr, komm mit deinem Erbarmen und stärke N. mit der heiligen Salbung.

- Nimm von N. alles, was diese Schwangerschaft gefährdet.

- Lasse N. deine Gegenwart spüren und erfahren.

- Mache es allen Kranken in diesem Hause leichter, ihre Leiden zu tragen.

- Stehe all denen bei, die sich in dienender Sorge der Kranken annehmen.

- Schenke N., der wir in deinem Namen die Hände auflegen und die wir salben, eine glückliche Geburt.

Erklärung

Ich werde Ihnen nun zum Segen die Hände auflegen, d.h. auf den Kopf, und für Sie von Gott alles Gute erbitten, all das, was Sie in Ihrer Situation nun dringend benötigen.
(An die Anwesenden gewandt): Wenn Sie wollen – Sie müssen nicht – können Sie im Anschluss daran es ebenso machen oder mit sonst einer Geste Ihre guten Wünsche für sie zum Ausdruck bringen.

(Wenn von der Mutter gewünscht wird, kann mit dem Krankenöl für das Kind ein Kreuzzeichen auf den Bauch der Schwangeren gemacht werden.)

Handauflegung und Salbung

Durch diese heilige Salbung † helfe dir und deinem Kind
der Herr in seinem reichen Erbarmen,
er stehe euch beiden bei † mit der Kraft des Heiligen Geistes.
Der Herr, der für uns Mensch wurde †, rette euch,
in seiner Gnade stehe er euch bei.

Abschluss

Form A – um glückliche Geburt

Lasst uns beten. - Herr, unser Erlöser,
durch die Kraft des Heiligen Geistes hilf N. in ihrer schweren Schwangerschaft.
Nimm von ihr alles Belastende.
In deinem Erbarmen richte sie wieder auf
und segne diese Schwangerschaft mit einer glücklichen Geburt.
Darum bitten wir dich, der du lebst und herrschst in alle Ewigkeit. - Amen.

Form B – bei ungesundem Kind

Lasst uns beten.
Herr, Jesus Christus, blicke gnädig auf N., deren Kind wohl krank ist.
In deinem Namen haben wir N. mit dem heiligen Öl gesalbt.
Stärke und begleite N. durch deine Gegenwart auf ihrem weiteren Lebensweg.
Schenke ihr die Fähigkeit,
auch dieses Kind als ihr Kind wie ein gesundes Kind anzunehmen.
Schenke N. und ihrer ganzen Familie viel Freude mit diesem Kind.
Darum bitten wir durch Christus unseren Herrn.

Form C – lebensunfähiges Kind

Lasst uns beten.
Herr, Jesus Christus, du bist der gute Hirte, der uns auf gute Weide führt.
Blicke gnädig auf N., die ein lebensunfähiges Kind erwartet.
In deinem Namen haben wir sie mit dem heiligen Öl gesalbt.
Begleite sie durch die kurze gemeinsame Zeit mit ihrem Kind
und tröste N. durch deine Gegenwart.
Darum bitten wir durch Christus unseren Herrn.

Vaterunser

So lasst uns beten, wie uns Jesus zu beten gelehrt hat.

Vater unser im Himmel, …

Schlusssegen

Form A- Allgemein

Es segne, behüte und begleite euch der allmächtige und barmherzige Herr,
der Vater † und der Sohn und der Heilige Geist.

Form B – Glückliche Geburt

Der Herr segne euch und behüte euch.

Er lasse sein Angesicht über euch leuchten und sei euch gnädig.

Er erhebe sein Angesicht über euch und schenke euch Frieden und Heil,
dazu auch eine glückliche Geburt (eines gesunden Kindes).

Das gewähre euch der Vater † und der Sohn und der Heilige Geist.

Form C – glückliche Geburt bei ungesundem Kind

Der allmächtige Gott segne euch mit all seinen Engeln.

Der Engel des Glaubens schenke euch Vertrauen.

Der Engel der Hoffnung stärke euren Lebensmut.

Der Engel der Liebe umfasse euch von allen Seiten.

Der Engel des Heiles schenke euch eine glückliche Geburt.

Dazu segne euch der dreieinige Gott,

   der Vater † und der Sohn und der Heilige Geist.

Form D – lebensunfähiges Kind

Der allmächtige Gott segne euch mit all seinen Engeln.

Der Engel der Stärke richte euch wieder auf.

Der Engel der Zuversicht stärke euren Lebensmut.

Der Engel des Glaubens schenke euch wieder Vertrauen.

Der Engel der Hoffnung vereine euch in Gottes Reich.

Der Engel der Liebe umfasse euch von allen Seiten.

Dazu segne euch der dreieinige Gott,

   der Vater † und der Sohn und der Heilige Geist.

2.2 Für Einsatzkräfte

> Diese Form ist für die Einsatzkräfte gedacht, die sich selbst in Lebensgefahr begeben, um andere Menschen zu schützen, zu retten oder zu bergen. Für sie soll mit der Segnung für diesen Einsatz bzw. für ihre Einsätze Gottes Schutz und Hilfe erbeten werden. Die Texte sind für eine Gruppe verfasst, da Einzelsalbungen wohl die Ausnahme sein dürften.
>
> Da das Krankenöl mit seiner Intention hierfür unpassend ist, wurde – angelehnt an das Segensgebet des Priesters für das Krankenöl (siehe Seite 166 im Rituale für die Krankensalbung) - hier ein eigenes Segensgebet entwickelt, wenn eine Salbung erfolgen soll.

Eröffnung

Beginnen wir diese kleine Segensfeier im Namen des Vaters und des Sohnes und des Hl. Geistes.

Wir sind hier versammelt, für Sie Gottes Schutz und Hilfe zu erbitten..
Wir bitten damit Gott, dass er Ihnen *bei Ihrem bevorstehenden Einsatz / bei Ihren bevorstehenden Einsätzen* beistehe
  und Ihnen Ihre Aufgabe gut gelingen möge.
Der gütige Gott möge Sie beschützen und heil wieder zurückkehren lassen.

Kyrie

So rufen wir zu Beginn dieser kleinen Feier Gott um sein Erbarmen an:

- Herr, unser Gott, diese Einsatzkräfte stehen vor *einem gefährlichen Einsatz / vor gefährlichen Einsätzen* und erflehen hierzu deinen Beistand. - Herr, erbarme dich.

- Nimm von ihnen alle Ängste und stehe ihnen bei. - Christus erbarme dich.

- Lasse diese Einsatzkräfte ruhig und mit großem Vertrauen auf dich
  in *diesen Einsatz / ihre Einsätze* gehen. - Herr, erbarme dich.

Der barmherzige Gott erbarme sich unser.
Er nehme alles Schwere und Bedrückende von uns
und führe uns zum ewigen Leben. - Amen.

Lesungen (Ps 23 (EÜ) - Der gute Hirt)

Der HERR ist mein Hirt, nichts wird mir fehlen.

Er lässt mich lagern auf grünen Auen und führt mich zum Ruheplatz am Wasser.

Meine Lebenskraft bringt er zurück.

Er führt mich auf Pfaden der Gerechtigkeit, getreu seinem Namen.

Auch wenn ich gehe im finsteren Tal, ich fürchte kein Unheil;

denn du bist bei mir, dein Stock und dein Stab, sie trösten mich.

Du deckst mir den Tisch vor den Augen meiner Feinde.

Du hast mein Haupt mit Öl gesalbt, übervoll ist mein Becher.

Ja, Güte und Huld werden mir folgen mein Leben lang

und heimkehren werde ich ins Haus des HERRN für lange Zeit.

Ps 23 - Der gute Hirt (Luther-Fassung)

Der HERR ist mein Hirte, mir wird nichts mangeln. Er weidet mich auf einer grünen Aue und führet mich zum frischen Wasser. Er erquicket meine Seele. Er führet mich auf rechter Straße um seines Namens willen. Und ob ich schon wanderte im finstern Tal, fürchte ich kein Unglück; denn du bist bei mir, dein Stecken und Stab trösten mich. Du bereitest vor mir einen Tisch im Angesicht meiner Feinde. Du salbest mein Haupt mit Öl und schenkest mir voll ein. Gutes und Barmherzigkeit werden mir folgen mein Leben lang, und ich werde bleiben im Hause des HERRN immerdar.

Fürbitten

Wenden wir uns in vertrauensvollem Gebet aus der Kraft unseres gemeinsamen Glaubens an unseren Herrn und bitten ihn inständig für diese Einsatzkräfte:

- Herr, komm mit deinem Erbarmen und beschütze diese Einsatzkräfte bei *ihrem Einsatz / ihren Einsätzen.*

- Führe du sie gut durch *ihren Einsatz / ihre Einsätze*
  und lasse ihre Aufgabe gut gelingen

- Lasse alle Einsatzkräfte wieder heil und gesund aus *ihrem Einsatz / ihren Einsätzen* zurückkehren.

- Stehe all denen bei, die in dienender Sorge im Hintergrund für diese Einsatzkräfte arbeiten.

A - Segensgebet für das Salböl

Herr, unser Gott,

um die Einsatzkräfte in ihrem Dienst zu stärken, wurde dieses Salböl bereitet.

Sei denen nahe, die mit diesem Öl gesalbt werden,

lasse sie ihre Aufgabe erfolgreich ausführen

und bringe sie unbeschadet wieder zurück.

Dazu heilige dieses Öl durch deinen Segen †.

Darum bitten wir durch Christus, unseren Herrn.

Erklärung und Handauflegung

A Salbung

Durch diese heilige Salbung † helfe Dir der Herr in seinem reichen Erbarmen,

er stehe Dir bei † mit der Kraft des Heiligen Geistes.

Der Herr, der Dich zu diesem Dienst berufen hat †,

lasse Dich Deine Aufgabe gut erfüllen

und Dich wieder heil zurückkehren. - Amen.

B – Segnung

> Bei einer großen Gruppe besprengt. der Vorsteher die Einsatzkräfte nach dem Segensgebet mit Weihwasser.

Ich werde nun für Sie alle den Segen Gottes erbitten und Sie anschließend mit dem Weihwasser segnen.

Herr, unser Gott, diese Einsatzkräfte sind dazu bereit,

unter Einsatz ihres Leben,

andere Menschen zu schützen, zu retten und zu bergen.

Stehe ihnen bei, damit sie ihre Aufgabe erfolgreich erfüllen

und sie unbeschadet wieder zurückkehren. - Amen.

> Bei einer kleinen Gruppe der Einsatzkräfte kann – wenn es so von den Einsatzkräften gewünscht wird – jeder Einzelne mit dem Weihwasser unter Gebet ein Kreuzzeichen auf die Stirn erhalten.

Ich werde Ihnen zum Segen mit dem Weihwasser unter Gebet ein Kreuzzeichen auf die Stirn machen.

Es segne und behüte dich der dreieinige Gott,

der Vater † und der Sohn und der Heilige Geist. - Amen.

Abschluss

Lasst uns beten.

Herr, Jesus Christus, du bist der gute Hirte, der uns auf gute Weide führt.

Blicke gnädig auf diese Einsatzkräfte,

 für die wir deinen Schutz und Beistand erbeten haben.

Begleite und schütze sie durch deine Gegenwart.

Lasse ihre Aufgabe gut gelingen und sie wieder heil zurückkehren.

Darum bitten wir durch Christus, unseren Herrn.

Segen

Der Herr segne euch und behüte euch.

Er lasse sein Angesicht über euch leuchten und sei euch gnädig.

Er erhebe sein Angesicht über euch und schenke euch seinen Beistand und Schutz.

Das gewähre euch der Vater † und der Sohn und der Heilige Geist.

2.3 Nottaufen

2.3.1 Nottaufe – offene Form

Bereits das Rituale für die Taufe aus dem Jahr 1969 kannte einen „Ritus für die Taufe eines Kindes in Lebensgefahr". Daran angelehnt sind diese Gebete.

Da heute in der Klinik nicht mehr standardmäßig die Kinder getauft werden, sondern in der Regel nur Nottaufen erfolgen, benötigen Klinikseelsorger nur diese Texte. Um alles in einem Buch zu haben, wurde die Nottaufe hier mit aufgenommen.

Es sollte für die Nottaufe vorhanden sein: Lebendes Kind, Zustimmung zumindest eines Elternteils, Paten (falls das Kind überlebt), Weihwasser, weißes Taufkleid, Katechumenenöl und Chrisam. - Auf Osterkerze und Taufkerze muss aufgrund der Vorgaben des Brandschutzes verzichtet werden, wenn die Taufe nicht in der Klinikkapelle erfolgen kann.

Eröffnung

Beginnen wir diese kleine Tauffeier

im Namen des Vaters und des Sohnes und des Heiligen Geistes. - Amen

An die Eltern gewandt:

Welchen Namen haben Sie Ihrem Kind gegeben? - (Name des Kindes)

Was erbitten Sie von der Kirche Gottes für N.? - (Die Taufe)

Liebe Eltern! Sie haben für N. die Taufe erbeten.
Damit erklären Sie sich bereit, es im Glauben zu erziehen.
Es soll Gott und den Nächsten lieben lernen, wie Christus es uns vorgelebt hat.
Sind Sie sich dieser Aufgabe bewusst?

Von den Eltern muss ein „Ja" als Antwort folgen. - An die Paten gewandt:

Liebe Paten! Die Eltern von N. haben Sie gebeten, das Patenamt zu übernehmen.
Auf Ihre Weise sollen Sie mithelfen, dass aus diesem Kind ein guter Christ wird.
Sind Sie dazu bereit?

Von den Paten muss ein „Ja" als Antwort folgen.

Allmächtiger, ewiger Gott, du schenkst den Glauben, ohne den es keine Taufe gibt. Lass uns jetzt auf dein Wort hören, damit dieser Glaube in uns wachse durch Christus, unsern Herrn. - Amen.

Lesung (Mk 10, 13-16) – Jesus segnete die Kinder

In jener Zeit brachte man Kinder zu Jesus, damit er sie berühre.

Die Jünger aber wiesen die Leute zurecht.

Als Jesus das sah, wurde er unwillig und sagte zu ihnen:

Lasst die Kinder zu mir kommen; hindert sie nicht daran!

    Denn solchen wie ihnen gehört das Reich Gottes.

Amen, ich sage euch:

Wer das Reich Gottes nicht so annimmt wie ein Kind,

    der wird nicht hineinkommen.

Und er nahm die Kinder in seine Arme;

    dann legte er ihnen die Hände auf und segnete sie.

Bezeichnung mit dem Kreuzzeichen

N., mit großer Freude nimmt Dich die christliche Gemeinde auf.

In ihrem Namen bezeichne ich Dich mit dem Zeichen des Kreuzes.

Nach mir werden auch Deine Eltern (und Paten) dieses Zeichen Christi, des Erlösers, auf Deine Stirn zeichnen.

Fürbitten

Lasset uns Gottes Erbarmen herabrufen auf N., *der/die* die Taufe empfangen soll, auf seine Eltern und Paten und auf uns alle, die wir schon getauft sind.

- Wir beten für N., dass *er/sie* gesund werde und seinen Eltern Freude mache.

- Dass N. sich auf *seinem/ihren* ganzen Lebensweg zu Christus bekenne.

- Wir beten für die Eltern und Paten,
  dass sie N. ein Vorbild christlichen Lebens sind.

- Wir beten für alle Brüder und Schwestern in der Welt,
  die sich auf die Taufe vorbereiten, um ein wahrhaft christliches Leben.

- Wir beten für alle Verstorbenen,
  lasse sie in deiner Liebe geborgen sein.

Herr Jesus Christus, du hast einst Kindern die Hände aufgelegt und sie gesegnet.
Schütze N. und halte alles Schädliche von *ihm/ihr* fern.
Stärke *ihn/sie* mit deiner Gnade und
behüte *ihn/sie* allezeit auf dem Weg *seines/ihres* Lebens
durch Christus, unsern Herrn. - Amen.

Katechumenenöl - (kann entfallen)

Es stärke Dich die Kraft Christi, des Erlösers.
Zum Zeichen dafür salben wir Dich mit dem Öl des Heiles †
in Christus, unserm Herrn, der lebt und herrscht in Ewigkeit. - Amen.

> Das Kind wird mit Katechumenenöl auf der Brust gesalbt.

Taufe

Lasst uns vor der Taufe von N. gemeinsam unseren Glauben bekennen, in den N.
durch die Taufe aufgenommen wird:
Ich glaube an Gott, den Vater, den Allmächtigen, …

Sie haben sich eben zum Glauben der Kirche bekannt.
In diesem Glauben empfängt N. nun die Taufe.

> Bei jedem der drei folgenden Anrufungen Gottes wird dem Täufling etwas Weihwasser über den Kopf gegossen.

N., ich taufe Dich
im Namen des Vaters - und des Sohnes - und des Heiligen Geistes.

Salbung mit Chrisam - (kann entfallen)

Der allmächtige Gott, der Vater unseres Herrn Jesus Christus,
hat dich von der Schuld Adams befreit
und Dir aus dem Wasser und dem Heiligen Geist neues Leben geschenkt.
Du wirst nun mit dem heiligen Chrisam gesalbt;
denn Du bist Glied des Volkes Gottes und gehörst für immer Christus an,
der gesalbt ist zum Priester, † König und Propheten in Ewigkeit.

> Dabei salbt der Zelebrant das Kind schweigend auf dem Scheitel mit Chrisam.

Überreichung des weißen Taufkleides - (kann entfallen)

N., dieses weiße Kleid soll Dir ein Zeichen dafür sein,
dass Du in der Taufe neugeschaffen worden bist und - wie die Schrift sagt -
Christus angezogen hast.
Bewahre diese Würde für das ewige Leben.

> Dabei wird dem Täufling das weiße Taufkleid aufgelegt.

Anzünden der Taufkerze - (kann entfallen)

> Dieser Teil ist aus Gründen des Brandschutzes nur in der Klinikkapelle möglich.
> Während der Vater die Taufkerze an der Osterkerze entzündet, spricht der Zelebrant:

Empfange das Licht Christi.
Liebe Eltern, liebe Paten!
Ihnen wird dieses Licht anvertraut.
Christus, das Licht der Welt, hat Ihr Kind erleuchtet.
N. soll als Kind des Lichtes leben,
sich im Glauben bewähren
und dem Herrn und allen Heiligen entgegengehen,
wenn er kommt in Herrlichkeit.

Effata-Ritus - (kann entfallen)

So wollen wir den Herrn bitten, dass er diesem Kind helfe,
seine Botschaft zu hören und zu bekennen.

Der Herr lasse Dich heranwachsen,
und wie er mit dem Ruf „Effata"
dem Taubstummen die Ohren und den Mund geöffnet hat,
öffne er auch Dir Ohren und Mund

> Der Zelebrant berührt bei diesen Worten Ohren und Mund des Kindes.

dass Du sein Wort vernimmst und den Glauben bekennst
zum Heil der Menschen und zum Lobe Gottes.

Abschluss

Liebe Brüder und Schwestern!
N. wurde in der Taufe das neue Leben geschenkt,
und so heißt und ist es ein Kind Gottes.
Und so lasst uns beten, wie Jesus uns zu beten gelehrt hat:

Vater unser im Himmel, ...

Schlusssegen

Am Ende dieser Taufe erbitte ich für Sie alle den Segen Gottes,
insbesondere für N.

Der Herr segne euch und behüte euch.
Er lasse sein Angesicht über euch leuchten und sei euch gnädig.
Er erhebe sein Angesicht über euch und schenke euch Frieden und Heil.
Das gewähre euch der dreieinige Gott,
der Vater † und der Sohn und der Heilige Geist.

2.3.2 Nottaufe bei einem sterbenden Kind

Es sollte für die Nottaufe eines sterbenden Kindes vorhanden sein: Lebendes Kind, Zustimmung zumindest eines Elternteils und Weihwasser. Wenn die Zeit noch ausreicht, weißes Taufkleid und Chrisam. - Auf Osterkerze und Taufkerze muss aufgrund der Vorgaben des Brandschutzes in der Klinik verzichtet werden, wenn die Taufe nicht in der Klinikkapelle erfolgen kann.

Bei einer Nottaufe eines sterbenden Kindes kann es sein, dass die Zeit drängt. Daher kann hier gleich mit der Taufformel getauft werden und die Liturgie angehängt werden.

Sollte das Kind während der Liturgie versterben, soll ungeachtet dessen, die Liturgie fortgesetzt und beendet werden, so, als würde das Kind noch leben.

Eröffnung

Beginnen wir diese kleine Tauffeier
im Namen des Vaters und des Sohnes und des Heiligen Geistes.

An die Eltern gewandt:

Welchen Namen haben Sie Ihrem Kind gegeben? - (Name des Kindes)

Was erbitten Sie von der Kirche Gottes für N.? - (Die Taufe)

Allmächtiger, ewiger Gott, du schenkst den Glauben, ohne den es keine Taufe gibt. Lass uns jetzt auf dein Wort hören, damit dieser Glaube in uns wachse durch Christus, unsern Herrn.

Lesungen (Ps 23 (EÜ) - Der gute Hirt)

Der HERR ist mein Hirt, nichts wird mir fehlen.
Er lässt mich lagern auf grünen Auen und führt mich zum Ruheplatz am Wasser.
Meine Lebenskraft bringt er zurück.
Er führt mich auf Pfaden der Gerechtigkeit, getreu seinem Namen.
Auch wenn ich gehe im finsteren Tal, ich fürchte kein Unheil;
denn du bist bei mir, dein Stock und dein Stab, sie trösten mich.
Du deckst mir den Tisch vor den Augen meiner Feinde.
Du hast mein Haupt mit Öl gesalbt, übervoll ist mein Becher.
Ja, Güte und Huld werden mir folgen mein Leben lang
und heimkehren werde ich ins Haus des HERRN für lange Zeit.

Ps 23 - Der gute Hirt (Luther-Fassung)

Der HERR ist mein Hirte, mir wird nichts mangeln.

Er weidet mich auf einer grünen Aue und führet mich zum frischen Wasser.

Er erquicket meine Seele.

Er führet mich auf rechter Straße um seines Namens willen.

Und ob ich schon wanderte im finstern Tal, fürchte ich kein Unglück;

denn du bist bei mir, dein Stecken und Stab trösten mich.

Du bereitest vor mir einen Tisch im Angesicht meiner Feinde.

Du salbest mein Haupt mit Öl und schenkest mir voll ein.

Gutes und Barmherzigkeit werden mir folgen mein Leben lang,

und ich werde bleiben im Hause des HERRN immerdar.

Jes 49,14f - Kann man sein Kind vergessen?

Zion sagt: Der HERR hat mich verlassen, Gott hat mich vergessen.

Kann denn eine Frau ihr Kindlein vergessen,

     ohne Erbarmen sein gegenüber ihrem leiblichen Sohn?

Und selbst wenn sie ihn vergisst: Ich vergesse dich nicht.

Bezeichnung mit dem Kreuzzeichen

N., mit großer Freude nimmt Dich die christliche Gemeinde auf. In ihrem Namen bezeichne ich Dich mit dem Zeichen des Kreuzes. Nach mir werden auch Deine Eltern (und Paten) dieses Zeichen Christi, des Erlösers, auf Deine Stirn zeichnen.

Fürbitten

Lasset uns Gottes Erbarmen herabrufen auf N., *der/die* die Taufe empfangen soll, auf seine Eltern und auf uns alle, die wir schon getauft sind und um N. trauern.

- Wir bitten für N. um die volle Gnade der Taufe,
  auch wenn *sein/ihr* Leben nur kurz währen wird.

- Wir bitten für die Eltern (und Paten) von N., dass ihnen bewusst ist,
  dass auch N. mit kurzem Erdenleben ein vollwertiger Mensch ist.

- Wir bitten für die Eltern von N., dass sich ihre Freunde, Nachbarn und
  Arbeitskollegen als gute Wegbegleiter durch ihre Trauer erweisen.

- Nimm N. nach *seinem/ihren* irdischen Pilgerweg auf in deine Herrlichkeit.

- Wir bitten für alle Verstorbenen, lasse sie in deiner Liebe geborgen sein.

Herr Jesus Christus, du hast einst Kindern die Hände aufgelegt und sie gesegnet.
Begleite N. als der gute Hirte auf *seinem/ihren* kurzen Lebensweg zu Dir.
Darum bitten wir durch Christus, unsern Herrn.

Taufe

Lasst uns vor der Taufe von N. gemeinsam unseren Glauben bekennen,
in den N. durch die Taufe aufgenommen wird.:

Ich glaube an Gott, den Vater, den Allmächtigen, …

Sie haben sich eben zum Glauben der Kirche bekannt.
In diesem Glauben empfängt N. nun die Taufe.

> Bei jedem der drei folgenden Anrufungen Gottes wird dem Täufling etwas Weihwasser über den Kopf gegossen.

N., ich taufe Dich
im Namen des Vaters - und des Sohnes - und des Heiligen Geistes.

Salbung mit Chrisam - (kann entfallen)

Der allmächtige Gott, der Vater unseres Herrn Jesus Christus,
hat dich von der Schuld Adams befreit
und dir aus dem Wasser und dem Heiligen Geist neues Leben geschenkt.
Du wirst nun mit dem heiligen Chrisam gesalbt;
denn du bist Glied des Volkes Gottes und gehörst für immer Christus an,
der gesalbt ist zum Priester, † König und Propheten in Ewigkeit.

> Dabei salbt der Zelebrant das Kind schweigend auf dem Scheitel mit Chrisam,

Überreichung des weißen Taufkleides - (kann entfallen)

N., dieses weiße Kleid soll Dir ein Zeichen dafür sein,
dass Du in der Taufe neugeschaffen worden bist und -
wie die Schrift sagt - Christus angezogen hast.
Bewahre diese Würde für das ewige Leben.

> Dabei wird dem Täufling das weiße Taufkleid aufgelegt.

Anzünden der Taufkerze - (kann entfallen)

Dieser Teil ist aus Gründen des Brandschutzes nur in der Klinikkapelle möglich.
Während der Vater die Taufkerze an der Osterkerze entzündet, spricht der Zelebrant:

Empfange das Licht Christi.

Liebe Eltern, liebe Paten!

Ihnen wird dieses Licht anvertraut.

Christus, das Licht der Welt, hat Ihr Kind erleuchtet.

N. soll als Kind des Lichtes leben,

sich im Glauben bewähren

und dem Herrn und allen Heiligen entgegengehen,

wenn er kommt in Herrlichkeit.

Abschluss

Liebe Brüder und Schwestern!

N. wurde in der Taufe das neue Leben geschenkt,

und so heißt und ist es ein Kind Gottes.

Und so lasst uns beten, wie Jesus uns zu beten gelehrt hat:

Vater unser im Himmel, ...

Schlusssegen

Am Ende dieser Taufe erbitte ich für Sie alle den Segen Gottes,
insbesondere für N.

Der Herr segne euch und behüte euch.

Er lasse sein Angesicht über euch leuchten und sei euch gnädig.

Er erhebe sein Angesicht über euch und schenke euch Frieden und Heil.

N. nehme er auf in seine himmlische Herrlichkeit.

Das gewähre euch der dreieinige Gott,

der Vater † und der Sohn und der Heilige Geist.

2.4 Sterbesegen

Liegt ein Patient im Sterben, wird der Sterbesegen gespendet. Damit wird mit Worten und Handlungen unmissverständlichen die aktuelle Situation angesprochen und im Gebet der Sterbende Gott anempfohlen.

Wenn der Sterbende während der Segensfeier stirbt, wird bis zum Ende weitergebetet, so als wäre der Sterbende noch am Leben.

2.4.1 Allgemeine Form

Begrüßung und Eröffnung

Wir sind zusammengekommen, um für Sie, N., den Sterbesegen zu erbitten. Wir bitten damit Gott, dass er sich Ihnen als der gute Hirt erweisen möge, als der er im Psalm 23 beschrieben ist und den ich auch gleich beten werde. - Möge er Sie als dieser gute Hirt gut von unserer Welt in seine Welt begleiten; dorthin, wo es keine Krankheit, kein Leiden und keinen Tod mehr gibt und wir uns alle wiedersehen.

So beginnen wir diese Segensfeier im Namen des Vaters und des Sohnes und des Heiligen Geistes.

Gebet

Gott, du Ursprung und Ziel unseres Lebens.
Du hast uns aus Liebe geschaffen und ins Leben gerufen.
Du bist für uns da, auch über den Tod hinaus.

Kyrie

So rufen wir dich um dein Erbarmen an:

- N. ist nun auf dem Weg zu dir. - Herr, erbarme dich.

- Wir bitten für N. um deinen Segen und dein Geleit. - Christus, erbarme dich.

- Wir werden als Trauernde zurückbleiben. - Herr, erbarme dich.

Der barmherzige Gott erbarme sich unser.
Er gebe uns, was wir jetzt und in den nächsten Tagen brauchen
und führe N. zum ewigen Leben. - Amen.

=> Gebet, Lesung, Segen und Schluss: siehe Seite 49

2.4.2 Bei vorzeitigem Sterben

Begrüßung und Eröffnung

Wir sind zusammengekommen, um für Sie, N., den Sterbesegen zu erbitten. Wir bitten damit Gott, dass er sich Ihnen als der gute Hirt erweisen möge, als der er im Psalm 23 beschrieben ist und den ich auch gleich beten werde. - Möge er Sie als dieser gute Hirt gut von unserer Welt in seine Welt begleiten, dorthin, wo es keine Krankheit, kein Leiden und keinen Tod mehr gibt und wir uns alle wiedersehen.

So beginnen wir diese Segensfeier im Namen des Vaters und des Sohnes und des Heiligen Geistes.

Gebet

Gott, du Ursprung und Ziel unseres Lebens.
Du hast uns aus Liebe geschaffen und ins Leben gerufen.
Du bist für uns da, auch über den Tod hinaus.

Kyrie

So rufen wir dich um dein Erbarmen an:

- N. wird vorzeitig aus dem Leben scheiden. - Herr, erbarme dich.

- Wir bitten für N. um deinen Segen und dein Geleit. - Christus, erbarme dich.

- Stehe uns bei in unserer Trauer und unserem Schmerz. - Herr, erbarme dich.

Der barmherzige Gott erbarme sich unser.
Er gebe uns, was wir jetzt und in den nächsten Tagen brauchen
und führe N. zum ewigen Leben. - Amen.

=> Gebet, Lesung, Segen und Schluss: siehe Seite 49

2.4.3 Bei Beendigung der Therapie

> *Auf der Intensivstation wird erkannt, dass die Fortsetzung der Behandlung den Tod nicht mehr verhindern kann, sondern nur den Sterbeprozess verlängert.*
>
> *In dieser Situation wird nach der Segnung alles abgeschaltet, was den Sterbeprozess unnötig verlängert. Damit wird ein natürlicher Sterbeprozess möglich.*

Begrüßung und Eröffnung

Wir sind zusammengekommen, um N., den Sterbesegen zu erbitten.

Wir bitten damit Gott, dass er sich *ihm/ihr* als der gute Hirt erweisen möge,

als der er im Psalm 23 beschrieben ist und den ich auch gleich beten werde.

Möge er *ihn/sie* als dieser gute Hirt gut von unserer Welt in seine Welt begleiten,

dorthin, wo es keine Krankheit, kein Leiden und keinen Tod mehr gibt

      und wir uns alle wiedersehen.

So beginnen wir diese Segensfeier

im Namen des Vaters und des Sohnes und des Heiligen Geistes.

Gebet

Gott, du Ursprung und Ziel unseres Lebens.

Du hast uns aus Liebe geschaffen und ins Leben gerufen.

Du bist für uns da, auch über den Tod hinaus.

Kyrie

So rufen wir dich um dein Erbarmen an:

- Das Sterben von N. ist nun unabwendbar. - Herr, erbarme dich.

- Wir müssen nun von N. Abschied nehmen. - Christus, erbarme dich.

- Wir werden als Trauernde zurückbleiben. - Herr, erbarme dich.

Der barmherzige Gott erbarme sich unser.

Er gebe uns, was wir jetzt und in den nächsten Tagen brauchen

und führe N. zum ewigen Leben. - Amen.

2.4.4 Gebet, Lesungen, Segen und Schluss

Gebet

Allmächtiger Gott, hilflos stehen wir dem Sterben unserer Lieben gegenüber.

Es fällt uns schwer, das Sterben zu begreifen und zu bejahen.

Doch das Sterben ist jetzt unabänderlich.

Du aber hast uns deinen Sohn gesandt und ihn für uns dahingegeben.

Darum können uns weder Trübsal noch Bedrängnis,

     ja nicht einmal der Tod, von deiner Liebe trennen.

Erhalte uns in diesem Glauben und führe N. zum ewigen Leben.

Darum bitten wir durch Christus, unseren Herrn.

Lesungen (Ps 23 (EÜ) - Der gute Hirt)

Der HERR ist mein Hirt, nichts wird mir fehlen.

Er lässt mich lagern auf grünen Auen und führt mich zum Ruheplatz am Wasser.

Meine Lebenskraft bringt er zurück.

Er führt mich auf Pfaden der Gerechtigkeit, getreu seinem Namen.

Auch wenn ich gehe im finsteren Tal, ich fürchte kein Unheil;

denn du bist bei mir, dein Stock und dein Stab, sie trösten mich.

Du deckst mir den Tisch vor den Augen meiner Feinde.

Du hast mein Haupt mit Öl gesalbt, übervoll ist mein Becher.

Ja, Güte und Huld werden mir folgen mein Leben lang

und heimkehren werde ich ins Haus des HERRN für lange Zeit.

Ps 23 - Der gute Hirt (Luther-Fassung)

Der HERR ist mein Hirte, mir wird nichts mangeln. Er weidet mich auf einer grünen Aue und führet mich zum frischen Wasser. Er erquicket meine Seele. Er führet mich auf rechter Straße um seines Namens willen. Und ob ich schon wanderte im finstern Tal, fürchte ich kein Unglück; denn du bist bei mir, dein Stecken und Stab trösten mich. Du bereitest vor mir einen Tisch im Angesicht meiner Feinde. Du salbest mein Haupt mit Öl und schenkest mir voll ein. Gutes und Barmherzigkeit werden mir folgen mein Leben lang, und ich werde bleiben im Hause des HERRN immerdar.

Röm 8,35-39 – Was kann uns scheiden von der Liebe Christi?

Was kann uns scheiden von der Liebe Christi?
Bedrängnis oder Not oder Verfolgung, Hunger oder Kälte, Gefahr oder Schwert?
Wie geschrieben steht:
Um deinetwillen sind wir den ganzen Tag dem Tod ausgesetzt;
wir werden behandelt wie Schafe, die man zum Schlachten bestimmt hat.
Doch in alldem tragen wir einen glänzenden Sieg davon durch den,
der uns geliebt hat.
Denn ich bin gewiss: Weder Tod noch Leben, weder Engel noch Mächte,
weder Gegenwärtiges noch Zukünftiges noch Gewalten,
weder Höhe oder Tiefe noch irgendeine andere Kreatur
können uns scheiden von der Liebe Gottes,
die in Christus Jesus ist, unserem Herrn.

Koh 3, 1.2.4.7 - Alles hat seine Zeit

Alles hat seine Stunde.
Für jedes Geschehen unter dem Himmel gibt es eine bestimmte Zeit:
eine Zeit zum Gebären und eine Zeit zum Sterben,
eine Zeit zum Weinen und eine Zeit zum Lachen,
eine Zeit für die Klage und eine Zeit für den Tanz;
eine Zeit zum Schweigen und eine Zeit zum Reden.

Fürbitten

Wenden wir uns im vertrauensvollen Gebet aus der Kraft unseres gemeinsamen Glaubens an unseren Herrn und bitten ihn inständig für Sie, N.:

- Herr, komm mit deinem Erbarmen
  und begleite N. auf *seiner/ihrer* letzten Reise heim zu dir, o Gott.

- Stehe all denen bei, die nun von N. Abschied nehmen müssen.

- Stehe auch all denen bei, die sich in dienender Sorge der Kranken annehmen.

- Mache es allen Kranken in diesem Hause leichter, ihre Leiden zu tragen.

- Festige uns in dem Glauben auf das Wiedersehen in deinem Reich.

- Schenke N., *dem/der* wir in deinem Namen die Hände auflegen und *ihn/sie* segnen, Wohnung und Heimat bei dir.

Erklärung

> *Ich werde Ihnen nun zum Segen die Hände auflegen, d.h. auf den Kopf, und für Sie von Gott alles Gute erbitten, dass er Sie als guter Hirt von unserer Welt in seine Welt begleiten möge.*
> *(An die Anwesenden gewandt): Wenn Sie wollen – Sie müssen nicht – können auch Sie im Anschluss daran ihm/ihr die Hände auflegen oder mit sonst einer Geste Ihre guten Wünsche für ihn/sie zum Ausdruck bringen.*

Sterbesegen

Form A

> Kurz wie die Taufformel ist dieses Segensgebet, bei dem der Vorsteher dem Sterbenden mit dem Weihwasser ein Kreuzzeichen auf die Stirn macht.

N., es nehme Dich auf in sein Paradies,
der dreieinige Gott, der Vater † und der Sohn und der Heilige Geist. - Amen.

Form B

> Der Vorsteher macht (mit Weihwasser) ein Kreuzzeichen auf die Stirn und die beiden Hände.

Gott Vater, † der Dich nach seinem Bild erschaffen hat,
> segne Dich mit der Fülle seiner Liebe.

Gott Sohn † begleite Dich als guter Hirte ins ewige Leben.

Gott Heiliger Geist † nehme Dich auf in das Reich der ewigen Freude. - Amen.

Valet-Segen

Der Valet-Segen in überarbeitet Fassung

Es segne Dich der dreifaltige Gott.

Der Vater, † der Dich nach seinem Bild erschaffen hat.

Der Sohn, † der Dich durch sein Leiden und Sterben erlöst hat.

Der Heilige Geist, † der Dich zum Leben gerufen und geheiligt hat.

Gott der Vater und der Sohn und der Heilige Geist
> geleiten Dich durch das Dunkel des Todes
> in das Licht des ewigen Lebens und der unendlichen Liebe. - Amen.

Schlussgebet

Lasst uns beten: Herr, unser Gott:

Du hast uns erschaffen und durch die Taufe in deine Kirche aufgenommen.

Du wolltest, dass wir sind und dass wir leben.

Du hast uns das ewige Leben geschenkt.

Daher ist der Tod für uns nicht das Ende,

sondern der Beginn unseres neuen Lebens.

Sei nun ganz besonders mit N., nimm von *ihm/ihr* alles, was *ihn/sie* hindert zu dir und schenke *ihm/ihr* alles, was *ihn/sie* hinführt zu dir.

Lasse *ihn/sie* in deiner Liebe geborgen sein.

Das möge uns Trost sein bis zum Wiedersehen in deinem Reich.

Darum bitten wir dich, der du lebst und herrschest in alle Ewigkeit.

Vater unser …

(Gegrüßet seist du, Maria …)

Schlusssegen

Form A

Gott segne euch und alle, die zu N. gehören.
Er tröste euch und segne eure Liebe füreinander.
Er begleite euch auf dem Weg, der vor euch liegt.
Dazu segne euch der dreieinige Gott,
  der Vater, † der Sohn und der Heilige Geist.

Form B

Der allmächtige Gott segne euch mit all seinen Engeln.
Der Engel des Trostes trockne eure Tränen.
Der Engel der Stärke richte euch wieder auf.
Der Engel der Zuversicht schenke euch wieder Vertrauen.
Der Engel der Liebe umfasse euch von allen Seiten.
Der Engel des Glaubens führe euch zum Wiedersehen in Gottes Reich.
Dazu segne euch der dreieinige Gott,
  der Vater † und der Sohn und der Heilige Geist.

2.4.5 Bei einem Organspender

> Vor der Feststellung des Hirntodes kann ein Sterbesegen gespendet werden. Wenn eine Zustimmung zur Organentnahme vorliegt, in dieser Form. Hierbei ist es angebracht, nicht nur für den Sterbenden zu beten, sondern auch für die Empfänger der Organe.
>
> Ausgelöst durch ein plötzliches Ereignis, ohne Vorwarnung sterben über 90% der Organspender den Hirntod. Für die Angehörigen wurde er somit plötzlich aus dem Leben gerissen. Daher ist im Umgang mit ihnen besondere Behutsamkeit angebracht. Aus diesem Grund sind hier Klagerufe vorgesehen.

Eröffnung

Beginnen wir diese kleine Segensfeier im Namen des Vaters und des Sohnes und des Heiligen Geistes.

Der Vater des Erbarmens und der Gott allen Trostes sei mit euch.

Liebe Familie X., nach einer Zeit der Hoffnung steht nun die Frage um den Hirntod im Raum. Sollte er sich bestätigen, wird N. ein Organspender. Andernfalls wird die Therapie beendet, damit der Sterbeprozess nicht weiter künstlich verlängert wird. *Sein/Ihr* baldiger Tod steht somit unausweichlich fest. Dies erfüllt Sie mit großem Schmerz. Wir von *den ...-Kliniken* nehmen Anteil an Ihrer Trauer. Nun bleibt nur noch die Möglichkeit, N. Gott anzuempfehlen.

Klagerufe

Dass N. so plötzlich und so früh aus dem Leben gerissen wurde,
ist für uns alle großes Leid.
In unserem Schmerz bringen wir unsere Fragen und Klagen vor Gott.
Dabei wiederholen Sie jeweils den Satz: „Sag uns warum!"

- Warum kann das Sterben von N. nicht verhindert werden? - Sag uns warum!

- Warum darf N. nicht weiterleben wie wir? - Sag uns warum!

- Warum? - Sag uns warum!

Der angefragte Gott erbarme sich unser.
Er gebe uns die Kraft, das zu tragen, was keiner tragen will,
und wandle unsere Klagen in Trost.
Darum bitten wir durch Christus, unseren Herrn. - Amen.

Kyrierufe

Nachdem wir Gott angefragt haben, rufen wir ihn um sein Erbarmen an.
Möge er uns beistehen in unserer Trauer.

- Herr, unser Gott, das Unbegreifbare gilt es für uns zu begreifen.
  Hilf uns, es zu begreifen. - Herr, erbarme dich.

- Herr, Jesus Christus, das Unfassbare gilt es für uns zu fassen.
  Hilf uns, es zu fassen. - Christus, erbarme dich.

- Gott, Heiliger Geist, das Unverständliche gilt es für uns zu verstehen.
  Hilf uns, es zu verstehen. - Herr, erbarme dich.

Der barmherzige Gott erbarme sich unser.
Er stehe uns bei in unserer Trauer und unserem Schmerz um N.
und führe dereinst auch uns zum ewigen Leben. - Amen.

Gebet

Allmächtiger Gott, hilflos stehen wir dem Sterben unserer Lieben gegenüber.
Es fällt uns schwer, das Sterben zu begreifen und zu bejahen.
Doch das Sterben ist jetzt unabänderlich.
Du aber hast uns deinen Sohn gesandt und ihn für uns dahingegeben.
Darum können uns weder Trübsal noch Bedrängnis,
ja nicht einmal der Tod, von deiner Liebe trennen.
Erhalte uns in diesem Glauben und führe N. zum ewigen Leben.
Darum bitten wir durch Christus, unseren Herrn.

Lesungen

Lesung A – (Joh 12,23f – Das Weizenkorn)

Jesus zu seinen Jüngern:
Die Stunde ist gekommen, dass der Menschensohn verherrlicht wird.
Amen, amen, ich sage euch:
Wenn das Weizenkorn nicht in die Erde fällt und stirbt, bleibt es allein;
wenn es aber stirbt, bringt es reiche Frucht.

Lesung B – (Joh 15,12-14 – Das Leben für Freunde geben)

In jener Zeit sprach Jesus zu seinen Jüngern:

Das ist mein Gebot, dass ihr einander liebt, so wie ich euch geliebt habe.

Es gibt keine größere Liebe, als wenn einer sein Leben für seine Freunde hingibt.

Ihr seid meine Freunde, wenn ihr tut, was ich euch auftrage.

Lesung C - Koh 3, 1.2.4.7 - Alles hat seine Zeit

Alles hat seine Stunde.

Für jedes Geschehen unter dem Himmel gibt es eine bestimmte Zeit:

eine Zeit zum Gebären und eine Zeit zum Sterben,

eine Zeit zum Weinen und eine Zeit zum Lachen,

eine Zeit für die Klage und eine Zeit für den Tanz;

eine Zeit zum Schweigen und eine Zeit zum Reden.

Röm 8,35-39 – Was kann uns scheiden von der Liebe Christi?

Was kann uns scheiden von der Liebe Christi?

Bedrängnis oder Not oder Verfolgung, Hunger oder Kälte, Gefahr oder Schwert?

Wie geschrieben steht:

Um deinetwillen sind wir den ganzen Tag dem Tod ausgesetzt;

wir werden behandelt wie Schafe, die man zum Schlachten bestimmt hat.

Doch in alldem tragen wir einen glänzenden Sieg davon durch den,

der uns geliebt hat.

Denn ich bin gewiss: Weder Tod noch Leben, weder Engel noch Mächte,

weder Gegenwärtiges noch Zukünftiges noch Gewalten,

weder Höhe oder Tiefe noch irgendeine andere Kreatur

können uns scheiden von der Liebe Gottes,

die in Christus Jesus ist, unserem Herrn.

Fürbitten

Liebe Familie X., das frühe Sterben von N. kann leider nicht abgewendet werden. Da *er/sie* vielleicht den Hirntod stirbt, ist eine Organspende möglich. *Er/Sie* entschied sich für die Organspende. Dies bedeutet, dass aus *seinem/ihrem* Tod anderen Menschen das Leben gerettet werden kann.

Wenden wir uns daher im vertrauensvollen Gebet aus der Kraft unseres gemeinsamen Glaubens an Gott und bitten ihn:

- N. liegt im Sterben.. - Nimm *ihn/sie* auf in dein Reich des nie endenden Glücks.

- Familie X. ist in tiefer Trauer um N. -
  Begleite Familie X. auf ihrem schweren Weg ihrer Trauer.

- Trauernde fühlen sich oft von Gott verlassen. -
  Begleite alle Trauernden durch das finstere Tal ihrer Trauer.

- Tränen um einen Verstorbenen sind ein Zeichen der Liebe. -
  Segne die Tränen, die um N. geweint werden.

- N. hat Ja zur Organspende gesagt. - Schenke durch die Transplantation *seiner/ihrer* Organe den Empfängern dauerhaft ein neues Leben.

- N. wird nun von uns gehen. -
  Vereine uns dereinst mit N. in deinem Reich beim Fest der großen Freude.

Herr, unser Gott, das Sterben von N. schmerzt uns. Lasse *ihn/sie* in deiner Liebe geborgen sein. Das möge uns Trost sein bis zum Wiedersehen in deinem Reich. Darum bitten wir durch Christus, unseren Herrn.

Erklärung

Ich werde zunächst N. die Hände zum Segen auf den Kopf legen und von Gott erbitten, dass er ihn/sie zu sich in den Himmel nehme. Sie können dies im Anschluss ebenso machen oder mit sonst einer Geste Ihre guten Wünsche für N. ausdrücken.

Stilles Handauflegung des Vorstehers und der Anwesenden.

Ich werde N. zum Segen mit dem Weihwasser ein Kreuzzeichen auf die Stirn machen und ihn/sie damit Gott anempfehlen. Sie können dies anschließend auch machen, ob nun mit Worten oder in Stille, ganz wie Sie es möchten.

Segnung

N., der gütige Gott nehme Dich auf in sein Reich der Liebe. Dazu segne dich der allmächtige und barmherzige Gott, der Vater † und der Sohn und der Heilige Geist.

> Den Hinterbliebenen auch die Möglichkeit der Segnung geben.

Gebet

Lasset uns beten.

Gütiger Gott, in deine Hände empfehlen wir N.

Schenke *ihm/ihr* alle Liebe, die wir *ihm/ihr* gerne selbst gegeben hätten.

Lasse die Transplantation der Organe gut gelingen

und schenke damit den Empfängern der Organe für viele Jahre ein neues Leben.

Sei den Trauernden nahe in deren Fragen und Klagen und tröste sie.

Darum bitten wir durch Christus unseren Herrn.

Vater-unser-Gebet

Lasst uns nun beten, wie Jesus seine Jünger zu beten gelehrt hat:

Vater unser im Himmel, ...

Schlussgebet

N., zum Paradies mögen Engel Dich geleiten,

die heiligen Märtyrer Dich begrüßen

    und Dich führen in die heilige Stadt Jerusalem.

Die Chöre der Engel mögen Dich empfangen

und durch Christus, der für Dich gestorben ist,

    soll ewiges Leben Dich erfreuen.

Schlusssegen

Form A - allgemein

Der Herr segne euch und behüte euch.

Er lasse sein Angesicht über euch leuchten und sei euch gnädig.

Er erhebe sein Angesicht über euch und schenke euch Trost, Frieden und Heil.

Das gewähre euch der Vater † und der Sohn und der Heilige Geist.

Form B - Organspende

   Der Gott allen Trostes trockene eure Tränen.

Der Gott allen Lebens schenke den Transplantierten wieder neues Leben.

Der Gott aller Liebe umfasse euch von allen Seiten.

Der Gott allen Glaubens führe euch zum Wiedersehen in seinem Reich.

Das gewähre euch der Vater † und der Sohn und der Heilige Geist.

Form C – Engelsegen

   Der allmächtige Gott segne euch mit all seinen Engeln.

Der Engel des Trostes trockne eure Tränen.

Der Engel der Stärke richte euch wieder auf.

Der Engel der Zuversicht schenke euch wieder Vertrauen.

Der Engel der Liebe umfasse euch von allen Seiten.

Der Engel des Glaubens führe euch zum Wiedersehen in Gottes Reich.

Dazu segne euch der dreieinige Gott,

        der Vater † und der Sohn und der Heilige Geist.

2.4.6 Abschiedssegen für die Hinterbliebenen

Die biblische Grundlage: Jakobssegen (Gen 27,26–29)

In Anlehnung an den Jakobssegen wäre heute ein Segen des Sterbenden für die Hinterbliebenen denkbar. (Entnommen aus „Sterben – aber wie?" Seite 139f) Hier wurden diese Möglichkeiten durch weitere Formen ergänzt.

Hier sind männliche Formen beschrieben. In gleicher Weise können auch weibliche Formen gebetet werden.

Für den künftigen Witwer

Möge Gott Dich in Deiner Trauer um N. trösten und mögest Du ein lebensfroher und liebevoller Großvater für unsere Enkel (und Urenkel) sein.

Für einen Sohn

Gott schenke Dir, dass Du mit deiner Frau gemeinsam alt und glücklich wirst, sowie Deinen Kindern ein liebevoller Vater sein mögest.

Für einen (Enkel)Sohn auf Partnersuche

Gott führe Dir eine Frau zu, mit der Du gemeinsam alt und glücklich wirst und er gebe, dass Ihr Euch an Euren Kindern und Enkelkindern erfreuen könnt.

Für einen schulpflichtigen ((Ur)Enkel)Sohn

Gott lasse Dich einen guten Schulabschluss machen und einen Beruf finden, in dem Du dein Wissen und Dein Können einbringen und entfalten kannst.

Für einen (Enkel)Sohn in Berufsausbildung

Gott lasse Dich einen guten Berufsabschluss machen und gebe, dass dieser Beruf Dir Freude bereite und Du damit immerzu ausreichend Geld verdienen kannst, um Deine Familie zu ernähren.

Für einen arbeitslosen (Enkel)Sohn

Gott lasse Dich bald eine Stelle finden, die Dir gefällt und bei der Du lange bleiben kannst.

Für ein verliebtes Paar

Gott lasse Eure gegenseitige Liebe wachsen und reifen, damit Ihr glücklich werdet mit- und aneinander.

Für ein frisch verheiratetes Paar

Gott lasse Eure gegenseitige Liebe wachsen und reifen. Er lasse Euch gemeinsam glücklich und alt werden.

Für alle

Möge Euch alle der gütige Gott vor schlimmen Krankheiten des Leibes und der Seele bewahren und Euch auf den Hochzeiten Eurer Kinder tanzen lassen und mit euren Enkelkindern lachen.

> Für solche Segenswünsche ist keine bestimmte liturgische Form erforderlich. Man braucht einfach nur die Wünsche an die Hinterbliebenen zu formulieren und ggf. mit Gott in Verbindung zu bringen. Das allein genügt.

2.5 Aussegnungen

2.5.1 Form A

Eröffnung

Beginnen wir diese kleine Feier im Namen des Vaters und des Sohnes und des Hl. Geistes. - Amen

Der Vater des Erbarmens und der Gott allen Trostes sei mit euch.

Liebe Familie X., liebe Trauernde. Wir sind hier zusammengekommen, um Abschied zu nehmen von N. *Sein/Ihr* Tod erfüllt Sie mit großem Schmerz. Wir von *den ...-Kliniken / der Gemeinde ...* nehmen Anteil an Ihrer Trauer. Als Christen leben wir aus der Hoffnung, dass der Tod nicht unser Ende ist, sondern der Beginn unseres ewigen Lebens.

Kyrie

Aus diesem Glauben schöpfen wir Trost und Zuversicht. - So rufen wir Gott um sein Erbarmen an.

- Herr, Jesus Christus, du hast uns den Weg zum Vater gezeigt. - Herr, erbarme d.

- Du hast durch deinen Tod der Welt das Leben geschenkt. - Christus, erbarme d.

- Du hast uns im Hause deines Vaters eine Wohnung bereitet. - Herr, erbarme d.

Der barmherzige Gott erbarme sich unser. Er stehe uns bei in unserer Trauer um N. und führe auch uns zum ewigen Leben. - Amen.

Gebet

Lasset uns beten:

Allmächtiger Gott, hilflos stehen wir dem Tod unserer Lieben gegenüber.

Es fällt uns schwer, den Tod zu begreifen und zu bejahen. Doch der Tod ist unabänderlich. Du aber hast uns deinen Sohn gesandt und ihn für uns dahingegeben. Darum können uns weder Trübsal noch Bedrängnis, ja nicht einmal der Tod, von deiner Liebe trennen. Erhalte uns in diesem Glauben und führe N. zum ewigen Leben. Darum bitten wir durch Christus, unseren Herrn.

=> Lesung, Segen und Schluss: siehe Seite 67

=> Lesung, Segen und Schluss: siehe Seite 67

2.5.2 Form B

Eröffnung

Beginnen wir diese kleine Feier im Namen des Vaters und des Sohnes und des Hl. Geistes.

Der Vater des Erbarmens und der Gott allen Trostes sei mit euch.

Liebe Familie X., liebe Trauernde. Wir sind hier zusammengekommen, um Abschied zu nehmen von N. *Er/Sie* ist uns in Gottes Ewigkeit vorausgegangen. - Im Glauben und Gebet bleiben wir verbunden mit der Gemeinschaft der ganzen Kirche, mit den Lebenden und allen Verstorbenen.

Kyrie

So rufen wir Gott um sein Erbarmen an:

- Herr, Jesus Christus, du hast uns den Weg zum Vater gezeigt. - Herr, erbarme dich.

- Du hast durch deinen Tod der Welt das Leben geschenkt. - Christus, erbarme dich.

- Du hast uns im Hause deines Vaters eine Wohnung bereitet. - Herr, erbarme dich.

Der barmherzige Gott erbarme sich unser.
Er stehe uns bei in unserer Trauer und unserem Schmerz um N.
und führe dereinst auch uns zum ewigen Leben. - Amen.

Gebet

Lasset uns beten:
Gott, unser Vater, N. hat seine irdische Pilgerschaft beendet.
Komm *ihm/ihr* voll Liebe entgegen.
Gib *ihm/ihr* den Frieden, den die Welt nicht geben kann
und nimm *ihn/sie* auf in die Gemeinschaft der Heiligen bei dir.
Darum bitten wir durch Christus, unseren Herrn.

=> Lesung, Segen und Schluss: siehe Seite 67

2.5.3 Bei einem plötzlichen Tod

Eröffnung

Beginnen wir diese kleine Feier im Namen des Vaters und des Söhnes und des Hl. Geistes.

Der Vater des Erbarmens und der Gott allen Trostes sei mit euch.

Liebe Familie X., liebe Trauernde.
Wir sind hier zusammengekommen, um Abschied zu nehmen von N.
Sein/Ihr plötzlicher Tod erfüllt Sie mit großem Schmerz.
Wir von *den ...-Kliniken / der Gemeinde ...* nehmen Anteil an Ihrer Trauer.
Beim plötzlichen Tod eines Menschen begegnen wir einem Gott,
      den wir nicht verstehen.

Kyrie

Dennoch rufen wir ihn um sein Erbarmen an.

- Herr, unser Gott, der plötzliche Tod von N. schmerzt uns sehr. -
  Herr, erbarme dich.

- Der plötzliche Tod von N. macht uns sprachlos. -
  Christus, erbarme dich.

- Der plötzliche Tod von N. lähmt unser Tun und Denken. -
  Herr, erbarme dich.

Der barmherzige Gott erbarme sich unser.
Er stehe uns bei in unserer Trauer um N.
und führe dereinst auch uns zum ewigen Leben. - Amen.

Gebet

Lasset uns beten:
Allmächtiger Gott, plötzlich ist N. von uns gegangen.
Sein/Ihr Leben endete so jäh, wir können es kaum fassen.
Stehe uns bei in unserer Trauer und vollende *sein/ihr* Leben bei Dir.
Darum bitten wir durch Christus, unseren Herrn.

=> Lesung, Segen und Schluss: siehe Seite 67

2.5.4 Nach einem Suizid

Der nachfolgende Text ist für einen Suizidalen, dessen Leben man nicht retten kann (Sterbesegen) wie auch für einen verstorbenen Suizidierten (Aussegnung).

Eröffnung

Beginnen wir diese kleine Feier im Namen des Vaters und des Sohnes und des Hl. Geistes.

Der Vater des Erbarmens und der Gott allen Trostes sei mit euch.

Liebe Familie X., liebe Trauernde. Wir kamen hier zusammen, um Abschied zu nehmen von N. *Sein/Ihr* Handeln wirft viele Fragen auf, die nur *er/sie* beantworten kann. Keinen von uns trifft hierbei Schuld. *Seine/Ihre* Handlung liegt alleine in *seiner/ihrer* Verantwortung. Wir wissen nur: *Sein/Ihr* Leid muss größer gewesen sein als *sein/ihr* Lebenswille. Daher ist *er/sie* aktiv aus dem Leben geschieden. Dies erfüllt uns alle mit großem Schmerz.

Kyrie

In unserer Not rufen wir Gott um sein Erbarmen an.

- Herr, unser Gott, für N. war der Lebensschmerz größer als die Lebensfreude. - Herr, erbarme dich.

- N. sah im Tod die Erlösung *seines/ihres* Leids. - Christus, erbarme dich.

- Wir bleiben nun sprachlos und ratlos zurück. - Herr, erbarme dich.

Der barmherzige Gott erbarme sich unser. Er stehe uns bei in unserer Trauer um N. und führe auch uns dereinst zum ewigen Leben.

Gebet

Lasset uns beten:

Allmächtiger Gott, hilflos stehen wir dem Tod unserer Lieben gegenüber. Es fällt uns schwer, den Tod zu begreifen und zu bejahen. Doch der Tod ist unabänderlich. Du aber hast uns deinen Sohn gesandt und ihn für uns dahingegeben. Darum können uns weder Trübsal noch Bedrängnis, ja nicht einmal der Tod von deiner Liebe trennen. Erhalte uns in diesem Glauben und führe N. zum ewigen Leben. Darum bitten wir durch Christus, unseren Herrn.

2.5.5 Lesung, Segen und Schluss

Röm 8,35-39 – Was kann uns scheiden von der Liebe Christi?

Was kann uns scheiden von der Liebe Christi?
Bedrängnis oder Not oder Verfolgung, Hunger oder Kälte, Gefahr oder Schwert?
Wie geschrieben steht:
Um deinetwillen sind wir den ganzen Tag dem Tod ausgesetzt;
wir werden behandelt wie Schafe, die man zum Schlachten bestimmt hat.
Doch in alldem tragen wir einen glänzenden Sieg davon durch den,
der uns geliebt hat.
Denn ich bin gewiss: Weder Tod noch Leben, weder Engel noch Mächte,
weder Gegenwärtiges noch Zukünftiges noch Gewalten,
weder Höhe oder Tiefe noch irgendeine andere Kreatur
können uns scheiden von der Liebe Gottes,
die in Christus Jesus ist, unserem Herrn.

Lesung B (1.Thess 4,13f.17f - Tröstet einander mit diesen Worten)

Liebe Schwestern und Brüder,
wir wollen euch über die Verstorbenen nicht in Unkenntnis lassen,
damit ihr nicht trauert wie die anderen, die keine Hoffnung haben.
Denn wenn wir glauben, dass Jesus gestorben und auferstanden ist,
so wird Gott die Verstorbenen durch Jesus in die Gemeinschaft mit ihm führen. …
Dann werden wir immer beim Herrn sein. Tröstet also einander mit diesen Worten!

Koh 3, 1.2.4.7 - Alles hat seine Zeit

Alles hat seine Stunde.
Für jedes Geschehen unter dem Himmel gibt es eine bestimmte Zeit:
eine Zeit zum Gebären und eine Zeit zum Sterben,
eine Zeit zum Weinen und eine Zeit zum Lachen,
eine Zeit für die Klage und eine Zeit für den Tanz;
eine Zeit zum Schweigen und eine Zeit zum Reden.

Fürbitten

Vertrauensvoll wenden wir uns mit unseren Bitten an Gott:

- Heute *ist N. gestorben.*
  Gib *ihm/ihr* Wohnung und Heimat bei dir.

- Belohne N. für alles Gute, das *er/sie* auf Erden gewirkt hat.

- Tröste alle, die jetzt um N. trauern.

Herr, unser Gott, der Tod von N. schmerzt uns. Lasse *ihn/sie* in deiner Liebe geborgen sein. Das möge uns Trost sein bis zum Wiedersehen in deinem Reich. Darum bitten wir durch Christus, unseren Herrn.

Handauflegung und Segnung

Ich werde dem/der Verstorbenen nun zum Segen die Hände auflegen, d.h. auf den Kopf, und von Gott erbitten, dass er ihn/sie aufnehmen möge in seine himmlische Herrlichkeit, dort, wo wir uns alle wiedersehen werden.

Wenn Sie wollen – Sie müssen nicht – können auch Sie im Anschluss daran es ebenso machen oder sonst mit einer Geste Ihre guten Wünsche für ihn/sie ausdrücken.

Der Vorsteher legt dem/der Verstorbenen zum stillen Gebet die Hände auf und ermöglicht es anschließend den Anwesenden. Hernach segnet er den/die Verstorbene(n).

Form A

N. es nehme Dich auf in das Reich seiner Liebe, der dreieinige Gott, der Vater † und der Sohn und der Heilige Geist. - Amen.

Form B

N., es nehme Dich auf in seine himmlische Herrlichkeit, der dreieinige Gott, der Vater † und der Sohn und der Heilige Geist. - Amen.

Form C

N., es segne, behüte und erfreue Dich der allmächtige und barmherzige Herr, der Vater † und der Sohn und der Heilige Geist. - Amen.

Verabschiedung

So lasst uns beten: Gütiger Gott, in deine Hände empfehlen wir N. Wir hoffen zuversichtlich, dass *er/sie* bei Christus ist. Wir danken dir für alles Gute, das wir durch *ihn/sie* erfahren durften. - Uns aber, die wir hier zurückbleiben, gib uns die Kraft, einander zu trösten mit der Botschaft des Glaubens, bis wir alle vereint sind bei dir. Darum bitten wir durch Christus, unseren Herrn.

Vater-unser

So lasst uns gemeinsam beten, wie weltweit alle Christen beten:
Vater unser im Himmel, ...

Schlussgebet

N. zum Paradies mögen Engel Dich geleiten, die hl. Märtyrer Dich begrüßen und Dich führen in die heilige Stadt Jerusalem. Die Chöre der Engel mögen Dich empfangen und durch Christus, der für Dich gestorben ist, soll ewiges Leben dich erfreuen.

Schlusssegen

Form A

So erbitte ich für Sie alle den Segen Gottes:
Der Herr segne euch und behüte euch. Er lasse sein Angesicht über euch leuchten und sei euch gnädig. Er erhebe sein Angesicht über euch und schenke euch Trost, Frieden und Heil. - Das gewähre euch der dreieinige Gott, der Vater † und der Sohn und der Heilige Geist.

Form B

Der allmächtige Gott segne euch mit all seinen Engeln.
Der Engel des Trostes trockne eure Tränen.
Der Engel der Stärke richte euch wieder auf.
Der Engel der Zuversicht schenke euch wieder Vertrauen.
Der Engel der Liebe umfasse euch von allen Seiten.
Der Engel des Glaubens führe euch zum Wiedersehen in Gottes Reich.
Dazu segne euch der dreieinige Gott,
    der Vater † und der Sohn und der Heilige Geist.

2.5.6 Bei einem tot geborenen Kind

Auch wenn das tot geborene Kind nicht getauft werden kann und es sehr früh während der Schwangerschaft gestorben ist, so sollte in jedem Fall nach dem Namen des Kindes gefragt werden. Damit wird das tote Kind als Mensch anerkannt, was für die Eltern sehr tröstlich ist. Zudem kann es in Deutschland seit Mai 2013 auf dem Rathaus auf Vorlage entsprechender Unterlagen (z.B. Mutterpass) mit Namen des Kindes bescheinigt werden. Daher sollte immer vor der Segnung nach dem Namen des Kindes gefragt werden.

Eröffnung

Beginnen wir diese kleine Feier im Namen des Vaters und des Sohnes und des Heiligen Geistes.

Der Vater des Erbarmens und der Gott allen Trostes sei mit euch.

Liebe Familie X., liebe Trauernde,
Sie hatten sich so sehr auf Ihr Kind gefreut.
Zerstört sind jetzt alle Ihre Hoffnungen, Wünsche und Lebenspläne,
zerbrochen zu einem Scherbenhaufen.
Sie stehen nun vor der schweren Aufgabe,
Ihr empfangenes und geliebtes Kind schon jetzt hergeben zu müssen.
Sie trauern um Ihr Kind, dessen Leben Sie in sich gespürt haben,
auf das Sie sich gefreut haben, dem Sie sich in Liebe zugewandt haben.
Alle hier Anwesenden nehmen Anteil an Ihrer Trauer.

Klagerufe

Unsere Fragen und Klagen bringen wir vor Gott. Dabei wiederholen Sie jeweils den Satz: „Sag uns, warum!"

- Warum konnte der Tod von N. nicht verhindert werden? Sag uns warum!

- Warum durfte N. nicht leben wie wir? Sag uns, warum!

- Warum? Sag uns, warum!

Der angefragte Gott erbarme sich Ihrer. Er gebe Ihnen Kraft, das zu tragen, was keiner tragen will, und wandle Ihre Klagen in Segen. Darum bitten wir durch Christus, unseren Herrn.

Kyrierufe

Im Tod eines Kindes begegnen wir einem Gott, den wir nicht verstehen.
Als Christen leben wir aus der Hoffnung,
        dass der Tod nicht das Ende unseres Lebens ist,
        sondern der Beginn eines neuen Lebens.
So rufen wir Gott um sein Erbarmen an.

- Herr Jesus Christus, du hast uns den Weg zum Vater gezeigt. - Herr, erbarme dich.

- Du hast durch deinen Tod der Welt das Leben geschenkt. - Christus, erbarme dich.

- Du hast uns im Haus deines Vaters eine Wohnung bereitet. - Herr, erbarme dich.

Der barmherzige Gott erbarme sich unser. Er stehe uns bei in unserer Trauer um N. und führe N. wie auch uns zum ewigen Leben.

Gebet

Allmächtiger Gott, hilflos stehen wir dem Tod unserer Lieben gegenüber.
Es fällt uns schwer, den Tod zu begreifen und zu bejahen.
Doch der Tod ist unabänderlich.
Du aber hast uns deinen Sohn gesandt und ihn für uns dahingegeben.
Darum können uns weder Trübsal noch Bedrängnis,
        ja nicht einmal der Tod, von deiner Liebe trennen.
Erhalte uns in diesem Glauben und führe N. zum ewigen Leben.
Darum bitten wir durch Christus, unseren Herrn.

Schriftlesung

Form A (Mk 10,13f.16 - Jesus segnet die Kinder)

Da brachte man Kinder zu ihm, damit er sie berühre. Die Jünger aber wiesen die Leute zurecht. Als Jesus das sah, wurde er unwillig und sagte zu ihnen: Lasst die Kinder zu mir kommen; hindert sie nicht daran! Denn solchen wie ihnen gehört das Reich Gottes. Und er nahm die Kinder in seine Arme; dann legte er ihnen die Hände auf und segnete sie.

Form B (Jes 49,15 - Gott vergisst niemanden)

Kann denn eine Frau ihr Kindlein vergessen, ohne Erbarmen sein gegenüber ihrem leiblichen Sohn? Und selbst wenn sie ihn vergisst: Ich vergesse dich nicht.

Form C (Ps 22,2f - Gottverlassenheit)

Mein Gott, mein Gott, warum hast du mich verlassen, bleibst fern meiner Rettung, den Worten meines Schreiens? Mein Gott, ich rufe bei Tag, doch du gibst keine Antwort; und bei Nacht, doch ich finde keine Ruhe.

Fürbitten

Liebe Familie X., Sie konnten Ihrem Kind nicht von Angesicht zu Angesicht sagen: „Es ist gut, dass Du da bist." Zu früh starb es. Sie müssen hergeben, was Sie festhalten wollten. Unsere guten Wünsche mögen es begleiten. So bitten wir Gott für N. und alle, die um ihn/sie trauern:

- Herr, gib uns Kraft, damit wir mit dem Tod von N. leben können.

- Herr, gib uns Mut, damit wir wieder „Ja" zum Leben sagen.

- Herr, gib uns Glauben, damit wir auch weiterhin zu dir stehen.

- Herr, erhalte uns die Hoffnung auf das Wiedersehen in deinem Reich.

- Herr, gib N. Wohnung und Heimat bei dir.

Mit großem Vertrauen kommen wir zu dir, o Gott. Erhöre unsere Bitten, der du lebst und herrschst in alle Ewigkeit.

Handauflegung

Es ist sinnvoll, die Segenshandlung erst kurz zu beschreiben und die Anwesenden einzuladen, dem toten Kind ebenfalls die Hand aufzulegen und es mit dem Weihwasser zu segnen. Der Vorsteher macht es vor.

Ich werde zunächst N. die Hände zum Segen auf den Kopf legen und von Gott erbitten, dass er sie/ihn zu sich in den Himmel nehme. Sie können dies im Anschluss ebenso machen oder mit sonst einer Geste Ihre guten Wünsche an N. ausdrücken.

Segen

> Auch beim Segnen mit dem Weihwasser ist es hilfreich, wenn der Vorsteher dieses mit erklärenden Worten einleitet und die Anwesenden zur Wiederholung des Ritus einlädt.
>
> Steht zur Segnung nur ein Fläschchen mit Weihwasser zur Verfügung, sollte aus hygienischen Gründen nur der Vorsteher mit dem Weihwasser segnen, damit keine Krankheitserreger in das Weihwasser gelangen. Die Anwesenden sollten daher dem Kind das Kreuzzeichen ohne Weihwasser geben.
>
> Steht der Segnung eine kleine Schale mit Weihwasser zur Verfügung, so können alle Anwesenden dazu eingeladen werden, dem toten Kind das Kreuzzeichen mit Weihwasser zu geben.
>
> *Ich werde N. zum Segen mit dem Weihwasser ein Kreuzzeichen auf die Stirn machen und sie/ihn damit Gott anempfehlen. Sie können dies anschließend auch machen, ob nun mit Worten oder in Stille, ganz wie Sie wollen.*

N., der gütige Gott lasse Dich in seiner Liebe geborgen sein.

Dazu segne Dich der allmächtige und barmherzige Gott,

der Vater † und der Sohn und der Heilige Geist.

Gebet

Gütiger Gott, in deine Hände empfehlen wir N.

Wir bitten dich, schenke *ihr/ihm* all die Liebe,

    die *ihr/ihm* die Eltern gerne selbst gegeben hätten.

Uns aber, die wir hier zurückbleiben,

    gib uns die Kraft, einander zu trösten mit der Botschaft des Glaubens,

    bis wir alle vereint sind bei dir.

Darum bitten wir durch Christus unseren Herrn.

Lasst uns nun beten, wie Jesus seine Jünger zu beten gelehrt hat:

Vater unser im Himmel …

N., zum Paradies mögen Engel dich geleiten,

die heiligen Märtyrer dich begrüßen und dich führen in die heilige Stadt Jerusalem.

Die Chöre der Engel mögen dich empfangen

und durch Christus, der für dich gestorben ist,

    soll ewiges Leben dich erfreuen.

Schlusssegen

Form A

Der Herr segne euch und behüte euch.
Er lasse sein Angesicht über euch leuchten und sei euch gnädig.
Er erhebe sein Angesicht über euch und schenke euch Trost, Frieden und Heil.
Das gewähre euch der Vater † und der Sohn und der Heilige Geist.

Form B

Es segne, tröste und begleite euch der allmächtige und barmherzige Herr,
der Vater † und der Sohn und der Heilige Geist.

Form C

Der allmächtige Gott segne euch mit all seinen Engeln.
Der Engel des Trostes trockne eure Tränen.
Der Engel der Stärke richte euch wieder auf.
Der Engel der Zuversicht schenke euch wieder Vertrauen.
Der Engel der Liebe umfasse euch von allen Seiten.
Der Engel des Glaubens führe euch zum Wiedersehen in Gottes Reich.
Dazu segne euch der dreieinige Gott,
     der Vater † und der Sohn und der Heilige Geist.

Hinweis:

> Weitere Segnungen von noch lebenden und von toten Kindern, sowie ein Modell eines Trost-Gottesdienstes für trauernde Eltern ist enthalten in:
> Klaus Schäfer: Trauerfeiern beim Tod von Kindern. Regensburg 2010.

2.5.7 Bei einem Hirntoten

> Nach der Feststellung des Hirntodes kann eine Aussegnung eines Hirntoten vorgenommen werden. D..h. der Hirntote liegt noch künstlich beatmet auf der Intensivstation, vor der Abschaltung der künstlichen Beatmung oder vor einer Organentnahme.
>
> Die Hinterbliebenen haben somit noch die Möglichkeit, eine liturgische Handlung am Verstorbenen zu erfahren, so lange das Herz noch schlägt.
>
> Der Hirntote ist als Mensch tot. Daher sollte – wie sonst bei der Aussegnung üblich – nur zu den Hinterbliebenen gesprochen werden.
>
> Über 90% der Hirntoten sterben, ausgelöst durch ein plötzliches Ereignis, ohne Vorwarnung meist binnen Stunden oder weniger Tage den Hirntod. Für die Hinterbliebenen wurde der Hirntote plötzlich aus dem Leben gerissen. Daher ist im Umgang mit ihnen besondere Behutsamkeit angebracht. Aus diesem Grund sind hier Klagerufe vorgesehen.

Eröffnung

Beginnen wir diese kleine Segensfeier im Namen des Vaters und des Sohnes und des Heiligen Geistes.

Der Vater des Erbarmens und der Gott allen Trostes sei mit euch.

Liebe Familie X., liebe Trauernde,
nach *kurzer/langer* Zeit der Hoffnung wurde N. aus dem Leben gerissen.
Eine Abschiedsnahme, wie jeder von uns es für sich wünscht,
    ist dadurch genommen.
Sein/Ihr Tod erfüllt sie mit großem Schmerz.
Wir von *den ...-Kliniken* nehmen Anteil an Ihrer Trauer.
Nun bleibt nur noch die Möglichkeit, N. Gott anzuempfehlen.

Klagerufe

Dass N. so früh aus dem Leben gerissen wurde, ist für sie alle großes Leid. '
In unserem Schmerz bringen wir unsere Fragen und Klagen vor Gott.
Dabei wiederholen sie jeweils den Satz: „Sag uns warum!"

- Warum konnte der Tod von N. nicht verhindert werden? - Sag uns warum!

- Warum durfte N. nicht weiterleben wie wir? - Sag uns warum!

- Warum? - Sag uns warum!

Der angefragte Gott erbarme sich unser.
Er gebe uns die Kraft, das zu tragen, was keiner tragen will,
und wandle unsere Klagen in Trost. - Amen.

Kyrierufe

Nachdem wir Gott angefragt haben, rufen wir ihn um sein Erbarmen an.
Möge er ihnen beistehen in ihrer Trauer.

- Herr, unser Gott, das Unbegreifbare gilt es für uns zu begreifen.
  Hilf uns, es zu begreifen. - Herr, erbarme dich.

- Herr, Jesus Christus, das Unfassbare gilt es für uns zu fassen.
  Hilf uns, es zu fassen. - Christus, erbarme dich.

- Gott, Heiliger Geist, das Unverständliche gilt es für uns zu verstehen.
  Hilf uns, es zu verstehen. - Herr, erbarme dich.

Der barmherzige Gott erbarme sich unser.
Er stehe uns bei in unserer Trauer und unserem Schmerz um N.
und führe dereinst auch uns zum ewigen Leben. - Amen.

Gebet

Allmächtiger Gott, hilflos stehen wir dem Tod unserer Lieben gegenüber.
Es fällt uns schwer, den Tod zu begreifen und zu bejahen.
Doch der Tod ist unabänderlich.
Du aber hast uns deinen Sohn gesandt und ihn für uns dahingegeben.
Darum können uns weder Trübsal noch Bedrängnis,
ja nicht einmal der Tod, von deiner Liebe trennen.
Erhalte uns in diesem Glauben und führe N. zum ewigen Leben.
Darum bitten wir durch Christus, unseren Herrn.

Lesungen

Röm 8,35-39 – Was kann uns scheiden von der Liebe Christi?

Was kann uns scheiden von der Liebe Christi?

Bedrängnis oder Not oder Verfolgung, Hunger oder Kälte, Gefahr oder Schwert?

Wie geschrieben steht:

Um deinetwillen sind wir den ganzen Tag dem Tod ausgesetzt;

wir werden behandelt wie Schafe, die man zum Schlachten bestimmt hat.

Doch in alldem tragen wir einen glänzenden Sieg davon durch den,

der uns geliebt hat.

Denn ich bin gewiss: Weder Tod noch Leben, weder Engel noch Mächte,

weder Gegenwärtiges noch Zukünftiges noch Gewalten,

weder Höhe oder Tiefe noch irgendeine andere Kreatur

können uns scheiden von der Liebe Gottes,

die in Christus Jesus ist, unserem Herrn.

Lesung B – (Lk 8,22-25a – Der Sturm auf dem See)

Es geschah aber eines Tages:

Jesus stieg mit seinen Jüngern in ein Boot und sagte zu ihnen:

Wir wollen ans andere Ufer des Sees hinüber fahren Und sie fuhren ab.

Während der Fahrt aber schlief er ein.

Und ein Sturmwind fuhr auf den See herab;

das Wasser schlug in das Boot und sie gerieten in Gefahr.

Da traten sie zu ihm und weckten ihn;

sie riefen: Meister, Meister, wir gehen zugrunde!

Er stand auf, drohte dem Wind und den Wellen und sie legten sich

und es trat Stille ein.

Er aber sagte zu ihnen: Wo ist euer Glaube?

Lesung C – Organspender (Joh 15,12-14 – Das Leben für Freunde geben)

In jener Zeit sprach Jesus zu seinen Jüngern:

Das ist mein Gebot, dass ihr einander liebt, so wie ich euch geliebt habe.

Es gibt keine größere Liebe, als wenn einer sein Leben für seine Freunde hingibt.

Ihr seid meine Freunde, wenn ihr tut, was ich euch auftrage.

Lesung D – Organspender (Joh 12,23f – Das Weizenkorn)

Jesus zu seinen Jüngern:

Die Stunde ist gekommen, dass der Menschensohn verherrlicht wird.

Amen, amen, ich sage euch:

Wenn das Weizenkorn nicht in die Erde fällt und stirbt, bleibt es allein;

wenn es aber stirbt, bringt es reiche Frucht.

Fürbitten

Form A - allgemein

Liebe Familie X., der frühe Tod von N. brachte Ihr Leben in Unordnung.

Wenden wir uns in unserer Not mit vertrauensvollem Gebet,

aus der Kraft unseres gemeinsamen Glaubens, an Gott und bitten ihn:

- N. ist heute gestorben. - Nimm *ihn/sie* auf in dein Reich des nie endenden Liebe.

- Familie X. ist in tiefer Trauer um N. -
  Begleite sie auf ihrem schweren Weg durch diese Trauer.

- Trauernde fühlen sich oft von Gott verlassen. -
  Begleite alle Trauernden durch das finstere Tal ihrer Trauer.

- Tränen um einen Verstorbenen sind ein Zeichen der Liebe. -
  Segne alle Tränen, die um N. geweint werden.

- Leid ist der schwerste Prüfstein unseres Glaubens. -
  Stärke und festige unseren Glauben, gerade angesichts dieses Leids.

- Der Tod hat N. von uns getrennt. -
  Vereine uns dereinst mit N. in deinem Reich beim Fest der großen Freude.

Herr, unser Gott, der Tod von N. schmerzt uns.

Lasse *ihn/sie* in deiner Liebe geborgen sein.

Das möge uns Trost sein bis zum Wiedersehen in deinem Reich.

Darum bitten wir durch Christus, unseren Herrn.

Fürbitten B – Organspender

Liebe Familie X., der frühe Tod von N. konnte leider nicht abgewendet werden.
Da *er/sie* in den Hirntod starb,, ist eine Organspende möglich.
Er/Sie entschied sich für die Organspende.
Dies bedeutet, dass aus *seinem/ihrem* Tod anderen Menschen Leben erwächst.

Wenden wir uns im vertrauensvollen Gebet aus der Kraft unseres gemeinsamen Glaubens an Gott und bitten ihn:

- N. ist heute gestorben. - Nimm *ihn/sie* auf in dein Reich der nie endenden Liebe.

- Familie X. ist in tiefer Trauer um N. -
  Begleite Familie X. auf ihrem schweren Weg ihrer Trauer.

- Trauernde fühlen sich oft von Gott verlassen. -
  Begleite alle Trauernden durch das finstere Tal ihrer Trauer.

- Tränen um einen Verstorbenen sind ein Zeichen der Liebe. -
  Segne die Tränen, die um N. geweint werden.

- N. hat Ja zur Organspende gesagt. Schenke durch die Transplantation *seiner/ihrer* Organe den Empfängern dauerhaft ein neues Leben.

- Der Tod hat N. von uns getrennt. -
  Vereine uns dereinst mit N. in deinem Reich beim Fest der großen Freude.

Herr, unser Gott, der Tod von N. schmerzt uns.
Lasse *ihn/sie* in deiner Liebe geborgen sein.
Das möge uns Trost sein bis zum Wiedersehen in deinem Reich.
Darum bitten wir durch Christus, unseren Herrn.

Erklärung

Ich werde zunächst N. die Hände zum Segen auf den Kopf legen und von Gott erbitten, dass er ihn/sie zu sich in den Himmel nehme. Sie können dies im Anschluss ebenso machen oder mit sonst einer Geste Ihre guten Wünsche für N. ausdrücken.

Stilles Handauflegung des Vorstehers und der Anwesenden.

Ich werde N. zum Segen mit dem Weihwasser ein Kreuzzeichen auf die Stirn machen und ihn/sie damit Gott anempfehlen.

Segnung

N., der gütige Gott nehme Dich auf in sein Reich seiner Liebe.
 Dazu segne dich der allmächtige und barmherzige Gott,
der Vater † und der Sohn und der Heilige Geist.

> Den Hinterbliebenen auch die Möglichkeit der Segnung geben.

Gebet

Form A – ohne Organspende

Lasset uns beten.
Gütiger Gott, in deine Hände empfehlen wir N.
Wir danken dir für alles Gute,
  mit dem du N. in *seinem/ihrem* irdischen Leben beschenkt hast
  und für das Gute, das wir durch *ihn/sie* erfahren durften.
Lohne es *ihm/ihr* durch das ewige Leben in deiner Herrlichkeit.
Uns aber, die wir hier zurückbleiben,
gib uns die Kraft, einander zu trösten mit der Botschaft des Glaubens,
bis wir alle vereint sind bei dir. Darum bitten wir durch Christus unseren Herrn.

Form B – mit Organspende

Lasset uns beten. - Gütiger Gott, in deine Hände empfehlen wir N.
Schenke *ihm/ihr* alle Liebe, die wir *ihm/ihr* gerne selbst gegeben hätten.
Lasse die Transplantation der Organe gut gelingen
und schenke damit den Empfängern der Organe für viele Jahre ein neues Leben.
Sei den Trauernden nahe in deren Fragen und Klagen und tröste sie.
Darum bitten wir durch Christus unseren Herrn.

Vater-unser-Gebet

Lasst uns nun beten, wie Jesus seine Jünger zu beten gelehrt hat:

Vater unser im Himmel, ...

Schlussgebet

N., zum Paradies mögen Engel Dich geleiten,
die heiligen Märtyrer Dich begrüßen
        und Dich führen in die heilige Stadt Jerusalem.
Die Chöre der Engel mögen Dich empfangen
und durch Christus, der für Dich gestorben ist, soll ewiges Leben Dich erfreuen.

Schlusssegen

Form A - allgemein

Der Herr segne euch und behüte euch.
Er lasse sein Angesicht über euch leuchten und sei euch gnädig.
Er erhebe sein Angesicht über euch und schenke euch Trost, Frieden und Heil.
Das gewähre euch der Vater † und der Sohn und der Heilige Geist.

Form B - Organspende

Der Gott allen Trostes trocken eure Tränen.
Der Gott allen Lebens schenke den Transplantierten wieder neues Leben.
Der Gott aller Liebe umfasse euch von allen Seiten.
Der Gott allen Glaubens führe euch zum Wiedersehen in seinem Reich.
Das gewähre euch der Vater † und der Sohn und der Heilige Geist.

Form C – Engelsegen

Der allmächtige Gott segne euch mit all seinen Engeln.
Der Engel des Trostes trockne eure Tränen.
Der Engel der Stärke richte euch wieder auf.
Der Engel der Zuversicht schenke euch wieder Vertrauen.
Der Engel der Liebe umfasse euch von allen Seiten.
Der Engel des Glaubens führe euch zum Wiedersehen in Gottes Reich.
Dazu segne euch der dreieinige Gott,
        der Vater † und der Sohn und der Heilige Geist.

2.6 Segnung von religiösen Zeichen

Zuweilen bitten Patienten darum, dass man ihnen religiöse Zeichen (Rosenkränze, Heiligenbildchen, ...) segnet. Dieses Segensgebet wurde dem Benediktionale (Allgemeines Segensgebet für religiöse Zeichen) entnommen und im Layout diesem Buch angepasst.

Lesung (Lk 11,9-13: Bittet, dann wird euch gegeben)

Darum sage ich euch: Bittet und es wird euch gegeben; sucht und ihr werdet finden; klopft an und es wird euch geöffnet. Denn wer bittet, der empfängt; wer sucht, der findet; und wer anklopft, dem wird geöffnet. Oder welcher Vater unter euch, den der Sohn um einen Fisch bittet, gibt ihm statt eines Fisches eine Schlange oder einen Skorpion, wenn er um ein Ei bittet? Wenn nun ihr, die ihr böse seid, euren Kindern gute Gaben zu geben wisst, wie viel mehr wird der Vater im Himmel den Heiligen Geist denen geben, die ihn bitten.

Segensgebet

Z.: Unsere Hilfe ist im Namen des Herrn.

A.: Der Himmel und Erde erschaffen hat.

Z.: Herr, erhöre mein Gebet.

A.: Und lass mein Rufen zu dir kommen.

Z.: Lasset uns beten.

Herr und Gott, segne + alle, die dieses Zeichen (diese Zeichen) aufbewahren oder bei sich tragen. Es soll (Sie sollen) uns anregen, im Gebet bei dir Hilfe zu suchen und dir und den Menschen immer besser zu dienen.

Darum bitten wir durch Christus, unseren Herrn.

A.: Amen.

Fürbitten

In der Kraft des Heiligen Geistes bitten wir den Vater im Himmel:

- Herr und Gott, schenke allen Menschen dein Erbarmen und deine Liebe.

- Gib der Welt deine Gerechtigkeit und deinen Frieden.

- Mach uns zu treuen Zeugen deines Sohnes Jesus Christus.

Weitere Fürbitten sollen im Hinblick auf die konkrete Situation formuliert werden.

Lasset uns beten, wie der Herr uns zu beten gelehrt hat:

A.: Vater unser... Denn dein ist das Reich...

Herr, du bist gut, und deine Taten sind groß. Erhöre unser Gebet und schenke uns dein Heil. Darum bitten wir durch Christus, unseren Herrn.

A.: Amen.

3 Auswahltexte

3.1 Allgemein

Jes 49,14f - Kann man sein Kind vergessen?

Zion sagt: Der HERR hat mich verlassen, Gott hat mich vergessen.
Kann denn eine Frau ihr Kindlein vergessen,
ohne Erbarmen sein gegenüber ihrem leiblichen Sohn?
Und selbst wenn sie ihn vergisst: Ich vergesse dich nicht.

3.2 Texte für Sterbesegen

3.2.1 Früher Tod

Weisheit 4,7-10.13-15 – Der frühe Tod des Gerechten

Der Gerechte aber, kommt auch sein Ende früh, geht in Gottes Ruhe ein.

Denn ehrenvolles Alter besteht nicht in einem langen Leben

und wird nicht an der Zahl der Jahre gemessen.

Graues Haar bedeutet für die Menschen Klugheit und Greisenalter,

    ein Leben ohne Tadel.

Er gefiel Gott und wurde von ihm geliebt; …

Früh vollendet, hat er ein langes Leben gehabt;

da seine Seele dem Herrn gefiel, enteilte sie aus der Mitte des Bösen.

Die Leute sahen es, ohne es zu verstehen;

sie nahmen es sich nicht zu Herzen,

    dass Gnade und Erbarmen seinen Auserwählten zuteil wird,

    Belohnung seinen Heiligen.

3.2.2 Plötzlicher Tod

Jes 38,10-12 - Tuch zu Ende gewoben

Ich sprach: In der Mitte meiner Tage

    muss ich hinab zu den Pforten der Unterwelt,

ich bin gefangen für den Rest meiner Jahre.

Ich sprach: Ich darf den HERRN nicht mehr schauen im Land der Lebenden,

keinen Menschen mehr sehen bei den Bewohnern der Erde.

Meine Hütte bricht man ab, man deckt sie über mir ab wie das Zelt eines Hirten.

Wie ein Weber das Tuch habe ich mein Leben zusammengerollt,

vom Faden schneidet er mich ab; vom Tag bis in die Nacht gibst du mich preis.

Jes 55,8f - Meine Gedanken sind nicht eure Gedanken

Meine Gedanken sind nicht eure Gedanken
    und eure Wege sind nicht meine Wege - Spruch des HERRN.
So hoch der Himmel über der Erde ist,
    so hoch erhaben sind meine Wege über eure Wege
    und meine Gedanken über eure Gedanken.

Mt 27,41-50 – Jesus: Gottverlassenheit

In jener verhöhnten Jesus auch die Hohepriester,
die Schriftgelehrten und die Ältesten und sagten:
Andere hat er gerettet, sich selbst kann er nicht retten.
Er ist doch der König von Israel!
Er soll jetzt vom Kreuz herabsteigen, dann werden wir an ihn glauben.
Er hat auf Gott vertraut, der soll ihn jetzt retten, wenn er an ihm Gefallen hat;
er hat doch gesagt: Ich bin Gottes Sohn.
Ebenso beschimpften ihn die beiden Räuber,
    die mit ihm zusammen gekreuzigt wurden.
Von der sechsten Stunde an war Finsternis über dem ganzen Land
    bis zur neunten Stunde.
Um die neunte Stunde schrie Jesus mit lauter Stimme: Eli, Eli, lema sabachtani?,
das heißt: Mein Gott, mein Gott, warum hast du mich verlassen?
Einige von denen, die dabeistanden und es hörten, sagten: Er ruft nach Elija.
Sogleich lief einer von ihnen hin, tauchte einen Schwamm in Essig,
    steckte ihn auf ein Rohr und gab Jesus zu trinken.
Die anderen aber sagten: Lass, wir wollen sehen, ob Elija kommt und ihm hilft.
Jesus aber schrie noch einmal mit lauter Stimme. Dann hauchte er den Geist aus.

Joh 19,25-30 – Jesus sprach: „Es ist vollbracht.“

Bei dem Kreuz Jesu standen seine Mutter und die Schwester seiner Mutter,
Maria, die Frau des Klopas, und Maria von Magdala.
Als Jesus die Mutter sah und bei ihr den Jünger, den er liebte,
sagte er zur Mutter: Frau, siehe, dein Sohn!
Dann sagte er zu dem Jünger: Siehe, deine Mutter!
Und von jener Stunde an nahm sie der Jünger zu sich.

Danach, da Jesus wusste, dass nun alles vollbracht war, sagte er,
     damit sich die Schrift erfüllte: Mich dürstet.
Ein Gefäß voll Essig stand da.
Sie steckten einen Schwamm voll Essig auf einen Ysopzweig
     und hielten ihn an seinen Mund.
Als Jesus von dem Essig genommen hatte, sprach er:
Es ist vollbracht! Und er neigte das Haupt und übergab den Geist.

3.3 Sonstige Texte

Joh 12,24-26 – Das Weizenkorn in der Erde bringt reiche Frucht

In jener Zeit sprach Jesus zu seinen Jüngern: Amen, amen, ich sage euch:
Wenn das Weizenkorn nicht in die Erde fällt und stirbt, bleibt es allein;
wenn es aber stirbt, bringt es reiche Frucht.
Wer sein Leben liebt, verliert es;
wer aber sein Leben in dieser Welt gering achtet,
     wird es bewahren bis ins ewige Leben.
Wenn einer mir dienen will, folge er mir nach;
und wo ich bin, dort wird auch mein Diener sein.
Wenn einer mir dient, wird der Vater ihn ehren.

Joh 13,34f – Liebt einander

In jener Zeit sprach Jesus zu seinen Jüngern:
Ein neues Gebot gebe ich euch: Liebt einander!
Wie ich euch geliebt habe, so sollt auch ihr einander lieben.
Daran werden alle erkennen, dass ihr meine Jünger seid: wenn ihr einander liebt.

Joh 14,1-3 - Jesus bereitet uns eine Wohnung

Euer Herz lasse sich nicht verwirren. Glaubt an Gott und glaubt an mich!
Im Haus meines Vaters gibt es viele Wohnungen.
Wenn es nicht so wäre, hätte ich euch dann gesagt:
Ich gehe, um einen Platz für euch vorzubereiten?
Wenn ich gegangen bin und einen Platz für euch vorbereitet habe,
komme ich wieder und werde euch zu mir holen,
     damit auch ihr dort seid, wo ich bin.

Apg 10,34-36.42f – Christus ist Richter der Lebenden und der Toten

   Da begann Petrus zu reden und sagte:

Wahrhaftig, jetzt begreife ich, dass Gott nicht auf die Person sieht,

sondern dass ihm in jedem Volk willkommen ist,

wer ihn fürchtet und tut, was recht ist.

Er hat das Wort den Israeliten gesandt,

         indem er den Frieden verkündete durch Jesus Christus:

Dieser ist der Herr aller. ...

Und er hat uns geboten, dem Volk zu verkünden und zu bezeugen:

Dieser ist der von Gott eingesetzte Richter der Lebenden und der Toten.

Von ihm bezeugen alle Propheten, dass jeder, der an ihn glaubt,

durch seinen Namen die Vergebung der Sünden empfängt.

Röm 6,3f.8 – Wir werden wie Christus leben

   Wisst ihr denn nicht, dass wir, die wir auf Christus Jesus getauft wurden,

         auf seinen Tod getauft worden sind?

Wir wurden ja mit ihm begraben durch die Taufe auf den Tod, damit auch wir,

so wie Christus durch die Herrlichkeit des Vaters von den Toten auferweckt wurde,

in der Wirklichkeit des neuen Lebens wandeln.

Sind wir nun mit Christus gestorben, so glauben wir,

         dass wir auch mit ihm leben werden.

Röm 8,31-35.37-39 - Was kann uns scheiden von der Liebe Christi?

   Was sollen wir nun dazu sagen? Ist Gott für uns, wer ist dann gegen uns?

Er hat seinen eigenen Sohn nicht verschont, sondern ihn für uns alle hingegeben

wie sollte er uns mit ihm nicht alles schenken?

Wer kann die Auserwählten Gottes anklagen? Gott ist es, der gerecht macht.

Wer kann sie verurteilen? Christus Jesus, der gestorben ist, mehr noch:

Der auferweckt worden ist, er sitzt zur Rechten Gottes und tritt für uns ein.

Was kann uns scheiden von der Liebe Christi?

Bedrängnis oder Not oder Verfolgung, Hunger oder Kälte, Gefahr oder Schwert?

Doch in alldem tragen wir einen glänzenden Sieg davon durch den,

         der uns geliebt hat.

Denn ich bin gewiss:

Weder Tod noch Leben, weder Engel noch Mächte,
weder Gegenwärtiges noch Zukünftiges noch Gewalten,
weder Höhe oder Tiefe noch irgendeine andere Kreatur
können uns scheiden von der Liebe Gottes,
die in Christus Jesus ist, unserem Herrn.

Röm 14,7-9.12 - Sterben wir, so sterben wir dem Herrn

Denn keiner von uns lebt sich selber und keiner stirbt sich selber:
Leben wir, so leben wir dem Herrn, sterben wir, so sterben wir dem Herrn.
Ob wir leben oder ob wir sterben, wir gehören dem Herrn.
Denn Christus ist gestorben und lebendig geworden,
um Herr zu sein über Tote und Lebende. …
Also wird jeder von uns vor Gott Rechenschaft über sich selbst ablegen.

Phil 3,20f - Unsere Heimat ist im Himmel

Denn unsere Heimat ist im Himmel.
Von dorther erwarten wir auch Jesus Christus, den Herrn, als Retter,
der unseren armseligen Leib verwandeln wird
in die Gestalt seines verherrlichten Leibes,
in der Kraft, mit der er sich auch alles unterwerfen kann.

1.Joh 3,1f - Wir wissen, dass wir ihm ähnlich sein werden

Seht, welche Liebe uns der Vater geschenkt hat:
Wir heißen Kinder Gottes und wir sind es.
Deshalb erkennt die Welt uns nicht, weil sie ihn nicht erkannt hat.
Geliebte, jetzt sind wir Kinder Gottes.
Doch ist noch nicht offenbar geworden, was wir sein werden.
Wir wissen, dass wir ihm ähnlich sein werden, wenn er offenbar wird;
denn wir werden ihn sehen, wie er ist.

Lk 24,1-6 – Was sucht Ihr den Lebenden bei den Toten?

Am ersten Tag der Woche gingen die Frauen mit den wohlriechenden Salben,
die sie zubereitet hatten, in aller Frühe zum Grab.
Da sahen sie, dass der Stein vom Grab weggewälzt war;
sie gingen hinein, aber den Leichnam Jesu, des Herrn, fanden sie nicht.

Und es geschah, während sie darüber ratlos waren,

     siehe, da traten zwei Männer in leuchtenden Gewändern zu ihnen.

Die Frauen erschraken und blickten zu Boden.

Die Männer aber sagten zu ihnen:

Was sucht ihr den Lebenden bei den Toten?

Er ist nicht hier, sondern er ist auferstanden.

Offb 7,10.16f - Gott wird alle Tränen von ihren Augen abwischen

     Sie riefen mit lauter Stimme und sprachen:

Die Rettung kommt von unserem Gott, der auf dem Thron sitzt,

     und von dem Lamm. …

Sie werden keinen Hunger und keinen Durst mehr leiden

und weder Sonnenglut noch irgendeine sengende Hitze wird auf ihnen lasten.

Denn das Lamm in der Mitte vor dem Thron wird sie weiden

     und zu den Quellen führen, aus denen das Wasser des Lebens strömt,

und Gott wird alle Tränen von ihren Augen abwischen.

4 Hinweis

Dieses Handbuch steht in engem Zusammenhang mit dem zeitgleich erschienen Buch „Das verschmähte Sakrament. Geschichte und Bedeutung der Krankensalbung sowie die Seelsorge bei Kranken, Sterbenden und Verstorbenen." (Regensburg 2025).

Darin wird die geschichtliche Entwicklung der Krankensalbung aufgezeigt: Bis ins 9. Jh. wurde sie von Laien für Kranke gespendet. Dann sollte sie nur noch in Todesnähe und für Sterbende gespendet werden. Auf dem Trienter Konzil (1545-1563) betonte man, dass es nur ein Sakrament ist, wenn die „Letzte Ölung" von einem Priester gespendet wurde, was deutlich macht, dass sie noch immer von Laien gespendet wurde. Auf dem Zweiten Vatikanischen Konzil wollte man zur eigentlichen Bedeutung der Krankensalbung als Sakrament für die Kranken zurück, hielt aber weiterhin am Sakrament für Sterbende fest. Dabei ist seit dem 8. Jh. die Wegzehrung das Sakrament für die Sterbende.

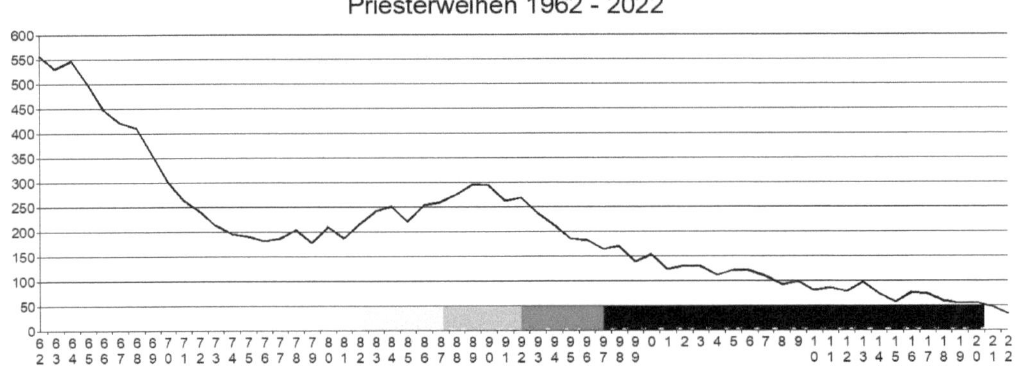

Geht man auf der Grundlage der vorliegenden Anzahl der Priesterweihen von einer mittleren Dienstzeit von 40 Jahren als Priester bis zum Pensionsalter von 70 Jahren aus,[10] sind jetzt rund 6.200 Priester (gelb markiert) im vollen aktiven Dienst, die in Deutschland zum Priester geweiht wurden. Im Jahr 2027 werden es noch ca. 5.000 Priester sein (orange markiert). Im Jahr 2032 werden es noch ca. 3.600 Priester (rot markiert) sein und im Jahr 2037 werden es noch ca. 2.500 Priester (schwarz markiert) sein. Mit anderen Worten: In 15 Jahren wird Deutschland noch nicht einmal die Hälfte der heute im Dienst stehenden Priester haben.

---

10 Dabei sind vorzeitige Beendigung des Dienstes durch Krankheit und Tod berücksichtigt.

5 Literaturliste

Bischofskonferenzen Deutschlands, Österreichs und der Schweiz und der Bischöfe von Bozen-Brixen und von Luxemburg (Hg.): **Die Feier der Krankensakramente**. Die Krankensalbung und die Ordnung der Krankenpastoral in den katholischen Bistümern des deutschen Sprachgebietes. Einsiedeln, Köln, Freiburg, Basel, Regensburg, Wien,, Salzburg, Linz 1975.

Literatur von Klaus Schäfer Klaus:

Trösten - aber wie? Ein Leitfaden zur Begleitung von Trauernden und Kranken. Regensburg 2009.

Trauerfeiern beim Tod von Kindern. Liturgische Hilfen zur Verabschiedung und Beerdigung · Ein Handbuch. Regensburg 2010.

Sterben - aber wie? Leitfaden für einen guten Umgang mit dem Tod. Regensburg 2011.

Letzte Gespräche mit Oma (Kinderbuch) Sadifa-Verlag 2011.

Spuren kleiner Füße Erste Hilfe nach dem Tod eines Kindes. Regensburg 2012.

Hirntod Medizinische Fakten - diffuse Ängste - Hilfen für Angehörige. Regensburg 2014.

Mein Trauertagebuch. Mit tröstenden Gedanken für das erste Trauerjahr. Regensburg 2022.

Das verschmähte Sakrament. Geschichte und Bedeutung der Krankensalbung sowie die Seelsorge bei Kranken, Sterbenden und Verstorbenen. Regensburg 2025.

Messbuch 2.0 Änderungswünsche an das neue Messbuch. Regensburg 2005.

Informationen aus dem Internet:

www.schaefer-sac.de

https://www.schaefer-sac.de/wiki/index.php?title=Heilige_Öle

https://www.schaefer-sac.de/wiki/index.php?title=Sakramente

https://www.schaefer-sac.de/wiki/index.php?title=TG

https://archive.org/search?query=P.+klaus+sch%C3%A4fer+SAC